B.Plants
ビザールプランツ

灌木系塊根植物からアガベ、ビカクシダまで、
夏型珍奇植物最新情報

監修　小林 浩（国際多肉植物協会 会長）

主婦の友社

灌木系塊根植物 4

オペルクリカリア属 Operculicarya 6
コミフォラ属 Commiphora 10
センナ属 Senna 16
ボスウェリア属 Boswellia 17
フォークイエリア属 Fouquieria 18
ブルセラ属 Bursera 19

知っておきたい自生地 マダガスカル島の現在 20
憧れの温室 基礎知識 24
O.pachypus 水耕栽培による完全発根10の推論 27
BOTANIZE 横町 健 泥沼の発根歴 30
2019検証 オペルクリカリア パキプス 発根実験 32
プロからの多面的アドバイス 灌木系塊根植物栽培の基本 34
パキプス 植えかえ 36

パキポディウム属 38

マダガスカル Madagascar 40
アフリカ大陸原産種 Africa 52

パキポディウムの接ぎ木術 54
接ぎ木の美しさ 56
プロからの多面的アドバイス
パキポディウム栽培の基本 58
秀さんの超実生球 60

アガベ属 ……………………………………… 62

- アガベ・チタノタ　Agave titanota ……………… 64
- アガベ・ユタエンシス　Agave utahensis ………… 68
- アガベ・ホリダ　Agave horrida ………………… 69
- その他のアガベ属　Agave ……………… 67,70

- 農大No.1 …………………………………… 67
- Style of CHIKA …………………………… 78
- プロからの多面的アドバイスアガベ栽培の基本 ……… 80
- アガベ　植えかえ ………………………… 82
- 叢 小田康平が創る植物の結界 …………… 84
- 記憶の中の植物たち ……………………… 86

ビカクシダ属（プラティケリウム属）……… 88

- 東南アジア・オセアニア　Southeast Asia & Oceania …… 90
- アフリカ・マダガスカル　Africa & Madagascar …… 98
- 南アメリカ　South America …………… 102
- 選抜品種と交配種 ……………………… 103

- ビカクシダ　鉢植え株の株分け　ajianjijii …… 106
- 株の板づけ ……………………………… 106
- マダガスカリエンセ　子株とり＋板づけ　ajianjijii …… 107
- ビカクシダ　株の枝づけ　DriftWood & SmokeyWood …… 108
- プロからの多面的アドバイス　ビカクシダ栽培の基本 …… 109
- 胞子栽培　moonrabbit …………………… 110

A to Z Owner's Story ………………… 111
国際多肉植物協会 会長 小林 浩の慧眼と情熱
「多肉植物3/4世紀　Three Quarters Century」…… 117

索引 ……………………………………… 124

写真株の協力
本書品種解説の参考株は、ナーセリー、趣味家の方々にご協力いただきました。
株写真につくⒶ-Ⓩは、p111~116の紹介欄に記載された記号です。

灌木系塊根植物

多肉植物が自生する乾燥地帯にも、低木の雑林が分布する場所が。
樹高3m以下の低木のことを「灌木(かんぼく)」と呼ぶ。
太くなった幹に水分を蓄え、地中にも塊根を作っているものが多い。

Operculicarya 6
Commiphora 10
Senna 16
Boswellia 17
Fouquieria 18
Bursera 19

パキプスもこれほど大きな株に生長する。
直径37cm／樹高90cm
サボテンオークション日本　栗原東五氏所有のコレクション株
マダガスカルからの株輸入のパイオニア。
栗原東五氏

Operculicarya <small>オペルクリカリア属</small>

夏の雨期に コップ2杯分ほどの雨

　ウルシ科の灌木で、幹には透明な樹液を蓄えている。日本に育つウルシ（ウルシ科ウルシ属 *Toxicodendron vernicifluum*）同様、その樹液は空気に触れると黒ずんでくる。皮膚につくとかゆみを覚えることがある。ウルシの成分は「ウルシオール」だが、パキプスなどに含まれる成分は不明。

　オペルクリカリア属の語源は、ラテン語の「蓋operculum」に由来し、マダガスカルとコモロ諸島にしか自生しない希少種。

　マダガスカルでは、このような灌木が生活のために建材や炭の原料に伐採されているという現実もある。日本をはじめアジアでの塊根植物ブームもあって、自生地での環境保護を考えるべきタイミングかもしれない。

パキプスは雌雄異株。
雄花（右）、雌花（左）

Operculicarya pachypus

パキプス

　マダガスカル南西部、トゥリアラ州の標高10〜500mの地域に分布。岩の上や、やせた砂質の土壌に自生する。緑がかった白〜クリーム色の花を咲かせる。雌雄異株。近年は乱獲により絶滅が危惧されている。一年を通じて直射日光がよく当たる場所で管理。春に生育を始めたら水やりを始め、9月に入ったら徐々に水やりの間隔を空けていく。落葉が始まったら基本的に水やりは翌春の生育再開まで行わない。ただし、冬の休眠期の間に完全に根を乾かさないほうが春の生育スタートがスムーズに行えるので、好天が続く晴れた日の午前中にごく少量の水を月に1回程度与える。あまり多く与えると、深夜の冷え込みで根が傷む原因になるので、日没までに乾く程度を目安に。

Operculicarya

Operculicarya decaryi

デカリー

マダガスカル南西部のトゥリアラ州の広い範囲に分布。標高0〜700mの明るい山林や、開けた草原など、日光が十分に差す場所に自生する。花色はえんじ色。見た目はパキプスとよく似ており、花が咲くほど株が大きくなっていないうちは見分けがつかないが、パキプスはジグザグに枝が伸びるが、デカリーは比較的真っすぐに伸びるとされている。自生地では最大で樹高9mにも及ぶ樹高に生長する高木だが、栽培環境下では1mほどにしかならない。地上部の幹や枝を太らせるためには、まずは地下の塊茎を十分に大きくすることが重要。春〜秋はよく日が当たる場所で管理。生育期は鉢土が乾いたらたっぷり水を与える。梅雨時期以降は直射日光に当て、雨ざらしで風にも当てるとよく育つ。

Operculicarya オペルクリカリア属

Operculicarya borealis
ボレアリス

ほかのオペルクリカリア属の植物の多くとは異なり、北部のアンツィラナナ州アンダヴァコエラ原産。標高500m以下の低地の、砂質土壌の疎林に自生する。ほかの種と同様、低温には弱いので、冬は18度以上を保てる場所で管理する。ボレアリスの自生地は、マダガスカルの中でも最も気温が高い地域なので、冬越しの温度管理は厳重に。

Operculicarya hyphaenoides
ヒファエノイデス

マダガスカル南西部トゥリアラ州にあるツィナマンペツァ国立公園、ベナマンテツァ、サントーギュスタンが主な自生地。見た目はパキプスによく似ているが、こちらのほうが圧倒的に流通量が少ない。葉にツヤがあるパキプス、デカリーに対し、ヒファエノイデスの葉の表面には繊毛が生え、葉が茂るとふんわりとやわらかい印象。

Commiphora コミフォラ属

芳香樹液は金ほどの価値があった

カンラン科には、コミフォラをはじめ16属があり、その多く種の樹液には「芳香成分」を含んでいる。毒性がないため、古くから香料として珍重された。樹脂や琥珀のような結晶にして使われ、中でも「ミルラ C.myrra、アビシニカ C.abyssinica」のものは、古代エジプトにおいて最上級のミイラ作りには欠かせない材料で、ミイラの語源も myrrha にあるとされている。またイエス・キリストの埋葬の場面でも、遺体とともに没薬を含む香料が埋葬されたことが記されている。

中東では樹液を採取するために、生長した幹に切れ目を刻んで流れる樹液を集め、乾燥させてから使用した。没薬としてたいたり、鎮静剤、鎮痛剤としても使用されていた。その価値は金と同じほどだったと伝えられている。現在でも、香水の原料として人気が高い。

Commiphora myrrha
ミルラ

オマーン、イエメン、ジブチ、ソマリア、エチオピアの標高250〜1300mの地域に分布。自生地は年間降水量300〜350mm程度の乾燥地帯。古代エジプト時代から精油の原料として利用され、精油を利用して作られる「ミイラ」の語源になったとされる。乾燥には強いが、幼苗は水を好むので、特に生育期は水をきらさないように注意。

Commiphora kataf

カタフ

アラビア海沿岸の標高400〜1500mの岩場や荒れ地に自生。広い範囲に自生するため、多様な形質をもつ個体がある。幹肌は白く滑らかだが、幹から伸びる枝は濃褐色をしているのが特徴。小さな株のうちは自然と盆栽のような形にまとまる。非常に日光を好み、冬は暖かい場所で越冬させる。

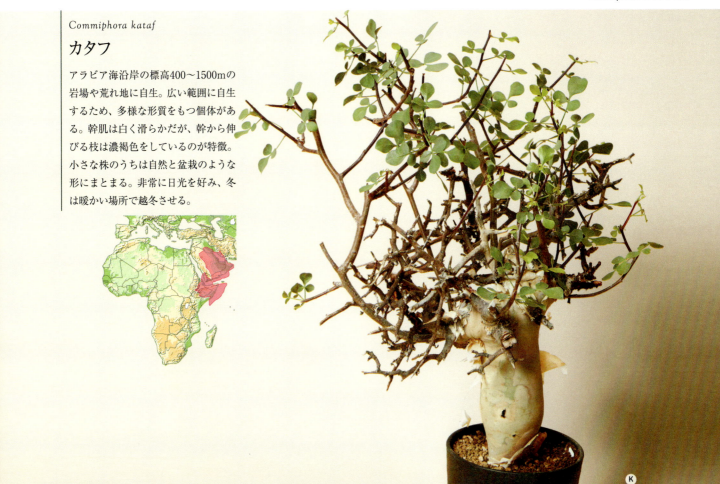

Commiphora africana

アフリカーナ

アフリカ大陸南部の乾燥地帯に広く分布。標高300〜1900mの岩場、砂質の土壌で育つ。自生地では最大樹高5mにもなる。空中湿度に反応して生育することが知られており、現地では雨期になると生育を始める。挿し木でふやすことができ、現地では生け垣にも利用されている。寒さは苦手なので、冬は最低気温18度以上を保つ。

実生株

Commiphora drake-brockmanii
ドレイクブロックマニー

ソマリア北部、年間降水量60mm程度のアデン湾沿岸のサナアグ地域に分布。標高400〜800mの丘陵地帯に自生する。コミフォラとしては小型の種で、最大でも樹高1mほどにしかならない。生長が遅く、枝はよく伸びるが幹を太らせるには時間がかかる。幹の先端から太い枝を出し、そこから細い枝を伸ばす。枝の先端からは1〜3枚の葉が出る。

Commiphora monstrosa
モンストローサ

マダガスカル南西沿岸部、サントーギュスタンからリンタ川河口までの限られた範囲に分布。細い枝はジグザグ状に伸びながら垂れ下がり独特の姿となる。葉は小さな羽状複葉で、ジグザグの枝振りと合わせてオペルクリカリアのような雰囲気をもつ。

Commiphora コミフォラ属

Commiphora simplicifolia
シンプリキフォリア
マダガスカル南西部に分布。乾燥に強い灌木が生える砂地や、石灰岩の岩場などに自生する。多くは標高が低い海沿いの地域に自生しているが、標高250mに及ぶ場所でも見かけることがある。樹高は1〜4m程度で、株が大きくなるに従って薄い樹皮がはがれ、その下から緑色の新しい樹皮があらわれる。

Commiphora boranensis
ボラネンシス
ソマリア、ケニア、エチオピアの標高190〜1500mの地域に分布。アカシアの生える森や、キルキア、デロニクスが茂る灌木林などに自生する。自生地の多くは、石灰岩質の斜面や、尾根筋である。株の充実度や大きさなどにより、葉や果実の大きさが変わる。エネアフィラに近縁。

Commiphora orbicularis
オルビクラリス
マダガスカルの北部西海岸沿い、南部など原産。乾燥した山林や石英や石灰の多い岩場、砂地などに自生する。幹から伸びた細い枝の先に、3枚一組となった楕円形、または幅広の卵形の葉をつける。樹皮はやや赤みを帯びる。生長が非常に遅いので、同じ樹形を長く楽しむことができる。

Commiphora humbertii
フンベルティ
マダガスカル南西部に自生する、マダガスカル固有種。年間降水量が400mm余りという乾燥したエリアのやせた土壌に自生する。

Commiphora 'Pinnate Leaves'
ピンネイト リーブス
「ピンネイト」とは葉柄に小さな葉がたくさんつく、羽状葉のこと。ソマリア原産とされるが、詳細は不明。葉にはかすかな芳香がある。

Commiphora holtziana
ホルトジアーナ
アフリカ東沿岸の中部から北部の標高75〜1500mに分布。生長するに従い、象牙色の樹皮がめくれてくるが、この樹皮もよい香りがする。古い樹皮がはがれたあとは表面が緑色をしている。落葉している間もよく日に当てる。

Commiphora sp. nov.PV2590
PV2590
詳細不詳だが、アンゴラ産とされる。名前の番号はチェコの植物研究家ペトラ・パヴェルカのフィールドナンバー。

Commiphora kataf var.turkanensis
ターカネンシス
アフリカ大陸東北部の標高0〜1300mの地域に分布。古くから香油の原料として利用されていたため、広い地域で栽培されている。古い溶岩流のあと、石灰岩の丘、砂丘などのやせた土地に生えることも多い。

Commiphora sp. 'Eyl'
エイル
ソマリアのエイル近辺に自生するとされているが詳細不明。枝のつけ根がこぶ状にふくらみ、横に枝が広がる。

Commiphora tulear
トゥリアラ
マダガスカル南西部の町、トゥリアラの近辺で採集されたものとされるが詳細は不明。枝葉はあまり横に広がらず、上に伸びる傾向がある。

Commiphora foliacea
フォリアセア
オマーン、イエメン、ソマリアに分布。海沿いから標高1300mを超える地域にまで自生する。以前はギリアデンシスと混同されていた。乾燥に強いアカシアが茂る灌木林や疎林、石灰岩質の土壌などに生える。

Commiphora kraeuseliana
クラウセリアーナ
アフリカ南西部、ナミビアの沿岸地域に分布。コミフォラの仲間としてはほっそりとした白っぽくて滑らかな木部から細い葉が生じ、軽やかな雰囲気が大きな魅力。自生地でも最大樹高2mほどにしかならない。

Senna センナ属

古来、薬用植物だった

　センナ属は世界に300種ほどが確認されているマメ科の植物。同じマメ科のフジなどに似た羽状複葉をもち、ゴツゴツとした樹姿との対比が楽しい。また、同じマメ科のネムノキのように、夜になると葉を閉じることが知られている。よく分枝し、生長が遅く同じ株姿を長く保つので、盆栽的な楽しみ方ができる。黄色の花を咲かせ、「コーデックスタマリンド」とも呼ばれる。コーデックスとして栽培されているものにはメリディオナリス、レアンドリーがあり、いずれもマダガスカル固有の植物である。CITES2類に記載のある、絶滅が危惧される植物だが、自生する現地では木材として利用されている。

Senna meridionalis
メリディオナリス

マダガスカル南西部の、標高が低い地域の乾燥林や砂地に自生。マメ科の植物らしい、やわらかな風合いの羽状の葉を広げ、ゴツゴツとした木肌との対比が美しい。同じマメ科のネムノキ同様、明るくなると葉が開き、夜になって暗くなると葉を閉じるという習性がある。

Boswellia

ボスウェリア属

「乳香の木」と呼ばれ
アロマ成分を含む

アフリカ大陸、中東からアジアの乾燥地帯に分布する。

植物学者ジョン・ボスウェル（Jone Boswell）から属名がある。アラビア半島に自生するサクラは、古来、薬用樹として利用され、その香りから「乳香の木」と呼ばれてきた。乳香は樹皮に切り込みを入れて樹液を分泌させて採取される。紀元前より薫香に用いられるが、産地や種によって香り成分は異なる、中でも透明感があり硬度があるものほど良質であるとされており、希少な青みがかった乳白色の乳香は最高級品とされている。

乳香 frankincense

Boswellia neglecta
ネグレクタ

ケニア、エチオピア、ソマリア、ウガンダに分布。年間を通じて高い気温を好む。非常に生育が遅いので、同じ樹姿を長く楽しむことができる。その分、入手の時点でじっくりと好みの形の個体を選ぶことが重要。冬は室内や温室に取り込み、低温にあわせないようにする。

Fouquieria フォークイエリア属

米国の先住民はこの有刺植物を生け垣とした

　フォークイエリア科はフォークイエリア属のみからなる、1科1属の植物。原産地では、スプレンデンスを「オコティロ」などと呼び、生け垣として植栽することがある。フォークイエリア属の植物は、大小の差はあれ、いずれも樹高が最大3～10mほどに育つ灌木または高木で、幹が肥大する。樹皮の表面からはトゲが生えるが案外もろいので、手荒く扱わないほうがよい。

Fouquieria columnaris
コルムナリス【観峰玉】

　メキシコのソノラ砂漠の、太平洋沿岸が近い地域に分布する。種小名の*columnaris*は「円筒形の」を意味する。最大樹高は20mにも達し、巨大なものは遠くから見ると柱サボテンのように見える。自生地周辺に住む先住民セリ族の間では、この木に触ると嵐に襲われると信じられており、禁忌の対象となっている。ファシクラータ、プルプシーなどと並び、CITES1類に記載されており、国際的な商取引が厳しく規制されている。

Bursera
ブルセラ属

南北アメリカに分布
マヤ族も利用した

ドイツの植物学者であり医者だった、ヨアヒム・バーサ（1583〜1639）の「Burser」から命名された属名。彼は多くの植物標本を収集し、スウェーデン植物の植物学者カール・フォン・リンネの分類体系の成立を助けたといわれている。ブルセラ属には、100種があり、南米のマヤ族はこの樹液を没薬として儀式に使ったり、ウルシのような使い方もしたようだ。米国カリフォルニア州からメキシコの海岸線、内陸の砂漠地帯にも自生している。乾燥にも耐え、性質は強健で、鉢植えでも育てやすい。

Bursera fagaroides
ファガロイデス

北アメリカ原産で、アメリカとメキシコにまたがるソノラ砂漠に自生する。種小名の*fagaroides*は「ファガラ属（サンショウ属）に似た」という意味で、その名の通り細かな葉をもつ。コミフォラと同じカンラン科のコーデックス。カンラン科の植物には香料のもととなるものがあるが、この種も枝を剪定すると柑橘類のようなさわやかな香りを放つ。通年、日当たりと風通しのよい場所で栽培。最低0度まで耐えるが、冬の間も日よく当てることが大事。低温にあうと紅葉し、美しい。

Bursera microphylla
ミクロフィラ

ファガロイデス同様、北アメリカのソノラ砂漠やアリゾナに自生。砂漠に点在する小さな草原や、丘の斜面に生える。種小名は「小さな葉」を意味し、葉柄に細長い小さな葉がつき、香りもよい。最低0度までの低温に耐えるが、低温環境に置く場合はよく日に当て、風が通り抜けない場所で管理する。

ブルセラ属の自生分布地域

知っておきたい自生地
マダガスカル島の現在

　マダガスカル植物をこよなく愛する多肉植物愛好家にとって、その島の現状はどこまで認識されているのだろう？

　マダガスカル島は、日本の約1.6倍、世界で4番目に大きな島。そこに、アジア系とアフリカ系の16部族、およそ2600万人が暮らす。

　それらの部族間にはさまざまな確執の面があり、他のアフリカ諸国にある悲惨な部族間闘争ほどではないが、多くの問題を抱えているようだ。現在のマダガスカル共和国の政治は、1960年に独立、1970年代に成立した社会主義政権をへて、植民地時代からのフランス依存からの脱却を目指した。その後、クーデターによる政権交代によって国形を作ってきたが、国際収支の悪化や経済の低迷が続いている。

　そのため国内の政権運営は安定せず、産業、経済も成長の遅い、世界の中でも最も貧しい国のひとつだ。貧富の差が大きく、ひと握りの富裕層、そして中間層が存在せず90％が年間500ドル以下、1日に2ドルに満たない収入という貧困以下の生活。5歳以下の子どもたちの半分近くが栄養失調だともいわれている。

島の暮らし

　南北に長いマダガスカル島は、気温が高い雨期（11〜2月）と、比較的低温の乾期（5〜10月）に分かれる。島の南北の差異よりも、東西の差異のほうが大きく、南東貿易風と北西モンスーンの影響を強く受ける。

　島内の労働人口の7割以上が「農業」に従事。中央高地では、主食のコメが水稲だけでなく陸稲まで盛んに栽培され、日本と同じジャポニカ米からインディカ米まで幅広く食される米食文化の国なのだ。

　農村地域では、鍋で炊いたお米、塩と油で煮た豆、キャッサバ、野菜、わずかに牛や豚の肉といった食事。生活水は河川で水

農地水田
中央高地には、稜線を切り開いて日本のような棚田が広がる。治水設備がないので、干ばつがあると打撃が大きい。

森林の焼き払い

くみ、燃料は山の雑木を使って煮炊きをする生活で、日本の明治初期の農村というところか。市街地では、炭を買っており、国土の森林を燃料としているというのが現実だ。

雨の降る東部には、コーヒー豆やバニラビーンズ（写真右）のプランテーションなどもあるが、近代化が遅れた地方では、いまでも延焼面積を調節しない方法での焼き畑農業が行われており、環境破壊の大きな要因ともいわれている。

焼き畑は「タヴィ（tavy）」と呼ばれ、この農法で一族の繁栄、健康を祈願する先祖伝来の慣習とし恒常化させている部族もある。自然環境保護のために国内法として禁止されていても、地域の自治権では部族内での慣習などが優先するため、黙認されているようだ。

雨期の始まるころにタネまきをするため、それまでの枯れた草を焼き払ってしまう。この火は乾燥した草原から予想外に広がり、農地周辺の森林など数十ヘクタールが焼けて、自生する多肉植物などをすべて消滅させてしまうことも珍しくない。

バニラビーンズ
世界の生産量の9割を誇ったが、特に2017年のサイクロンの影響で生産に大きな打撃を受け、現在でも価格の高騰が続いている。

そして、島には年に1〜2回、雨期の破壊的なサイクロン襲来があり、インフラや農業に大きな被害を出している。近年では2015年、2017年の大干ばつも農民にとって、生死に関わる被害だった。

中央高地の農耕に向く豊かな土地では、それなりの農業が営まれているが、乾燥地など環境の悪い地域の人々にとっては、自然環境の問題よりも、日々の糧を優先してしまうことを、我々は理解しなければならない。

焼き畑にタネをまく農民。

島の環境保護の意識

　本島を覆う森林は、燃料や建材のための伐採で、この50年の間に4割以上が失われたと推定されるが、この数字はかなり控えめな見積もりで8割以上という考えもある。

　島の中央高地を覆っていた森林は、農地や放牧地になり、かなりの部分が消え去ってしまった。そして、レムール類などの大型の動物群を絶滅に追いやったのだ。

　島の西から南にかけての乾燥地、その乾生林に分布する、アローディアなど（下段写真）は、建材として日々伐採されている。幸か不幸か、日本の多肉植物愛好家が求めているオペルクリカリアやコミフォラなどは、現地では材としては生活依存度が低い樹種のようだ。

　グラキリウスなど多肉植物の大株が、丘陵地の上部、岩場にしか存在しないのは、家畜の放牧や野焼きの影響が大きいのかもしれない。立派なものは、いまではイサロ国立公園のような保護区でしか見ることができなくなっているそうだ。生活燃料の伐採にとどまらず、法律で伐採量を管理している熱帯雨林でも、保護林の不法伐採も横行。国立公園における希少木の伐採の取り締まりを十分に行えず、保護地域から希少種のローズウッドが切り出され、国外に流出しているのも現実。この違法伐採木材の密輸先はほとんどがアジアで13億人の巨大市場をもつ国であり、高級家具や楽器の材料となっている。

　これによって動植物の生息する自然林を破壊し、土壌流出により泥の河川になるというトラブルを招いている。灌漑施設の整備で地下水位が上昇し、バオバブなどの根が水没し、根腐れを起こして倒壊することも起きている。

島の固有種

　マダガスカルの1万5000種近い植物種のうち、8割以上が固有種。生物多様性において重要な意味をもつ場所。南極に続く「第八の大陸」と説く学者もいる。

　本書でも取り上げたパキポディウム属のうち、8割が本島の固有種。世界に9種あるバオバブ属のうち6種もマダガスカルの固有種。マダガスカルに生育するヤシは全部で170種。これはアフリカ全体の種数の3倍の多様さであり、しかもそのうち165種が固有種である。東部雨林の数多い固有種の中でも、タビビトノキはマダガスカルという国の象徴だ。

板材として製材されるディディエレア科のアローディア プロケラの心材。

本島は動物多様性にも富み、代表的な哺乳類であるレムール（ワオキツネザル）は、知られているだけで100種を数えるキツネザル科の仲間の一種。大陸とは違って、原猿類以外の競合相手がいなかったため、この霊長類は多様な環境に適応して数多くの種に多様化した。しかし、これらの原猿類は、ほとんどすべてが希少で脆弱、どの種も絶滅の危機に瀕している。人類の本島への到来以来、少なくとも17種の原猿類が絶滅したそうだ。

レムール（ワオキツネザル）
フランス語で「Lemur」とは原猿のこと。日本では「キツネザル」と呼んでしまうが、キツネとは無縁の種。

現実と未来

　20世紀以降、急速な人口増加と無秩序な開発によって、島全体の環境破壊は危機的状況に直面している。

　豊かな自然を求めてやってくる欧米のナチュラリストたちは、国の大きな財源で、観光客誘致のためにエコツーリズム推進をうたっている。観光で収入を得ている人々にとっても、外貨は大変魅力的だ。しかし、過去の新植民地主義への反発、島の土地を「タニンヂャザナ（先祖の土地）」として大切にする民族心、日々の暮らしに困窮する国民からは、経済成長を誘導できない政策への失望は否めない。現実には、政権はいまだに自然環境悪化を食い止めることができていない。

　地球の裏側にいる我々は、ここまでの100年以上もマダガスカルの植物をいとおしみ、友愛心を抱いてきた。マダガスカル島の自然、マダガスカル共和国に暮らす人々、それらすべてがかの国の植物が育つ環境なのだ。

　1株の植物の先に、その「島の未来の風景」を想像すべきときなのではないだろうか。

取材協力

橋詰二三夫（はしづめ・ふみお）
東京農業大学農学科卒。在学中から（一財）進化生物学研究所で多肉植物などの管理に従事。卒業後はマダガスカル乾燥地の植物研究に携わり、同地域で延べ3年以上を現地滞在。森林保全NGO事業にも参加。

森林が焼失し土地の浸食が進む。

伐木が進む西部ムルンダヴァのバオバブ通り。

憧れの温室基礎知識

　近頃は、家庭用のガラス温室やビニールハウスが普及し、多肉植物や熱帯植物の栽培に活用する方がふえ続けています。ひと昔前なら、庭に温室を建てるのは高級な和洋ランの趣味家くらいなので、彼らだけは温室ではなく「ラン舎」と呼ぶほどのものでした。

　そんな夢の温室栽培を実現するためには、いくつかのハードルがあります。お読みいただくと、温室熱が何度か下がってしまうような現実もあります。マダガスカルやメキシコなど、全く環境の違う場所に自生する植物たちを栽培しようというのですから、このくらいの設備は当然なのかもしれません。

1 価格

　構造によって、その価格には大きな差があります。それぞれのメリットとデメリットを想像しながら、実現性を考えてみましょう。

　「ガラス温室」…フレームはアルミ製ですっきりしたフォルム、温室といえば憧れのガラス温室です。趣味家用の栽培温室は、小型の2～5坪の規格品が主流です。サイズや形をオーダーで製作すると、大変高価なものになってしまうので、メーカーの情報（P26）を確認しましょう。3坪くらいのもので、本体と施工費と主要なオプションを合わせると100万円前後（諸条件で差がある）になるようです。

　「ビニールハウス」…小型のビニールハウスなら10万円前後で、ネットショップからも購入が可能です。設置は、説明書を解読しながら行います。設置場所に問題がなければ、大人2人で1日作業で完成させることが可能です。

　「サンルーム」…自宅のベランダやデッキ部分に設置するもので、サッシメーカーがさまざまなデザインを提案しています。ガラスではなくポリカーボネイトなどの樹脂素材を使ったものなど、価格には差があります。温室として使用するので、構造と気密性などを確認しましょう。

　「手作り温室」…小型の温室を自作する趣味家は少なくありません。多肉植物などは、日照と雨よけがポイントなので、栽培品種に合わせたスタイルにすれば、低コスト、自由なサイズの設置も可能です。問題は強度と耐久性。近年では台風や集中豪雨の被害が危惧されます。あくまでも個人の判断で建てるものなので、経験のある方に相談し、さまざまな角度から検討したほうがよいでしょう。

2 設置場所

　小さくとも温室は建築物。その構造、機能を生かすためには、それなりに適切な場所に建てることが肝心です。

　多くの温室は、日照を必要として建てられますが、その場所が傾斜地や平らでない土地の場合は、整地することから始めなくてはなりません。

　ビニールハウスは、ほぼ水平な場所で、フレームのパイプが差し込める土壌であれば、設置することはできます。ガラス温室の場合は、「基礎」が必要です。これは、正確な水平レベルを維持していないと、温室の構造物がゆがんだり、想定外の負荷をかけてしまいます。

　コンクリートの駐車場などのスペースは、水はけを考慮して少しだけ斜面になっているので、レベル調整をして基礎を作るわけです。鉄筋コンクリートの建物だけでなく、木造の家屋にも屋上、テラスなどがあります。そこは、「防水パン」という水が漏らないための「層」で守られています。FRPや鉄板に特殊塗装されたもので、これに穴を開けたり、ボルトやアンカーを取り付けることはできません。

　小さな温室でも、設置場所の安全はしっかり確認しましょう。

3 日照

　温室では栽培する品種によって、「日照量」を調整することができます。ガラス温室は、外構の光と同じほぼ100％の光量が望めます。

　ビニールハウスの場合は、ビニールの機能性によって差があり、一般的には70％くらい。夏の高温を防ぐために50％ほどに抑える製

品もあります。ビニールは経年劣化で曇ってきますので、3〜4年で張りかえる必要があり、そのたびに費用と手間はかかります。

ポリカーボネイトは、強度があるため割れることはほぼありません。中空構造のものであれば、保温効果も上がって光熱費の削減にもつながります。ガラス温室で重ねて使用することも可能です。

4 温度

温室管理の最大の課題が温度管理でしょう。

小型の温室では、冬季に加温設備がないと外気温と同じ状態になります。多くの多肉植物は最低5〜10度以上の温度を想定すると、暖房設備が必要です。

灯油ストーブを使うのが一般的です。小型の温室用ストーブも流通していますが、使用法には注意が必要です。石油燃焼では一酸化炭素が発生し、密閉した空間では、植物は枯れてしまいます。その空間に人間が入ると、健康被害の可能性もあるので、十分注意しましょう。灯油式の暖房機でも、吸排気の煙突を設置し、サーモスタットの温度管理が可能なものが、安全でおすすめです。

一般的な家庭用エアコンを設置することもできます。安全性が高く、温度管理の手間が省けます。ランニングコストは、2倍前後あるといわれていますが、温室の構造や設置場所の環境によって、かなり差があるでしょう。

冬季の温度管理

冬季に晴天率が高い場所なら、加温するのは夜から朝ということです。電気ヒーターなど、サーモスタットを使える器具が便利です。

夏季の温度管理

最高気温が30度以上になる時期には、温室内部に熱気がたまらないよう通気、換気をします。

ガラス温室の場合、側面は引き違いのサッシ窓ですから、開け閉めは簡単にでき、天井面は、チェーンによる手動天窓開閉装置が標準装備されています。また、温度センサーによって天窓自動開閉装置（オプションで17万円くらい）を取り付けることもできます。

ビニールハウスは、側面のビニールをネット状のものに張りかえて、夏季仕様にする場合もあります。多肉植物やサボテンは、梅雨時の蒸れに弱い品種が多いので、通気は大切な課題でしょう。

最大の難関は春先の気候

小型温室の管理で、最も事故が多いのが春の気温差によるものです。早朝は10度以下で肌寒い温度、温室も閉めきっています。しかし、日中の好天で気温が一気に20度を超え、25度にもなると、温室内は35度以上の可能性もあります。

このくらいの気温差だけで植物は枯れませんが、水やりしたばかりの鉢の中は、蒸れて根が傷んでしまうのです。

4〜5月の温室内の温度差は、天気予報の数値以上の幅があります。大型温室では、空間の絶対量が大きいため、温度変化も緩やかですが、小型温室ではその振り幅が栽培リスクとなるわけです。床がコンクリート製などの屋上や駐車場では、照り返しもあって、温度管理には、なおさらの覚悟が必要でしょう。

＊ガラス温室は建築構造物なので、床面積が10㎡を超えるものは、地区市町村に「建築確認申請」を提出する必要がある場合もあります。施工業者に相談しましょう。

5 遮光

直接の日差しが強すぎる時期は、高温と葉やけを防ぐために、「遮光ネット」を設置。現在は、市松模様（ダイオネット／30～50%遮光）が主流のようです。

昭和のサボテン愛好家の中には、温室のガラスに石灰を溶かしたものを塗って、曇りガラス状にする人もありました。

6 通気

乾燥地域に自生する植物には、温室内での風が必要。水やりでの湿気などは、対流があることで地上部はすぐに乾きます。大型温室では、業務用の扇風機を使う場合が多いようです。

小型温室ではスペースが限られているので、天井からファンをつるします。これによって、空気、温度、湿気を効率よく循環させることができます。

7 天災トラブル

屋上や風の強い設置場所では、設置のときに十分な補強が必要。

台風などは、天気予報によって準備の時間がありますが、春一番の突風や竜巻、ゲリラ豪雨、ひょうなど、予測不能の天災もあります。

台風の場合、ガラス温室の窓やドアは確実にロックしておくこと。風で側面の窓が開いてしまうと中に突風が入って、ガラスは内側からの圧力で割れてしまいます。

ビニールハウスの場合も同様です。側面の隙間などをふさいで、フレームは地面や構造物のアンカーにしっかり固定。万一、ビニールが破れてもよいように、大切な品種は室内に避難させることが安全です。

住宅屋上に設置した2坪ほどのアルミフレーム温室。天井の通気窓ロックがはずれ、ポリカーボネイト樹脂の単板のため、強風が吹き込み内側から倒壊。中にあった植物は、台風前に避難させて無事だった。

協力

東和物産　萩原 淳

多肉植物などを楽しむために、スペースを有効に生かせる、本格派家庭用アルミ温室「陽だまり」シリーズ。大きさは1.5～24坪までの豊富なバリエーションから選べ、栽培環境を管理するためのシステムとしては、さまざまな機能が工夫されている。諸条件を含めての、相談見積もりも可能。

温度管理など安心設備が充実!

アルミ温室「陽だまり」
東和物産株式会社
神奈川県海老名市東柏ヶ谷 6-18-15
TEL 046-231-9711
FAX 046-231-4401
HP http://www.hidamari.co.jp

O.pachypus
水耕栽培による
完全発根10の推論

協力
「サボテンオークション日本」栗原東五
「大正堂」本間陽介
「BOTANIZE」横町 健

塊根植物の「未発根株」は、多くの品種が流通している。
強健で誰もが失敗なく発根させることができるものもあるが、なんといってもパキプスの発根は難関。
これまで1000本以上の発根管理を手がけた強者の生産者でさえも、「発根率は2割前後」というのだから、
初心者が確信をもって挑戦することは、"ギャンブル"といわざるを得ない挑戦だ。
これは、パキプスについて多くの発根経験をもつナーセリーや販売者、趣味家など20人以上を取材し、
それぞれの体験を総合的に判断した10のポイントだ。

1 株の鮮度はどこで判断するか

根を失った株が発根するためには、株自体の体力が残っているか否か、これが最大のポイントだ。
現地の「ナーセリーの管理状態」から考えてみる。主根が切られ、時間が経過しすぎているものは「手に持っても軽く感じる」。これは、塊茎内部の水分が減っているわけで、体力のない株だ。「木肌の表面が乾ききったように見える」塊茎表皮の下の「形成層」が生きているかが、発根率に大きく関係する。
現地ナーセリーで、主根から細根が出ているものが保湿されて日本に輸入されている場合もある。これは、鉢植えにされた状態で流通しているようだ。

2 南半球とは季節がずれている

ご存じのように、南半球の自生地と日本とでは季節が逆だ。自生地では、「2月ごろまでは夏の雨期」にあたり、春(9月)から展開した葉を多くつけ、塊茎部は大地の水分を吸い上げ、体力がついた状態。逆に、「6月は冬の乾期」にあたり、株は葉を落として休眠している。つまり、日本の冬に輸入されたものと、夏に輸入されたものでは状態が違う。
株に体力があるものは、「12月から3月あたり」ということは、いえるかもしれない。しかし、休眠した株が発根しないわけではなく、あくまでも生体のサイクルの仮説だ。

3 根の切り口が決め手！

　現地で根をカットされた輸入株は多い。アガベなどは、ほぼ根のない状態で輸入されるが、発根率は非常に高い。パキプスには、地中にパワータンクと呼ばれる「塊根」が存在する。これは地上部の塊茎だけでなく、地中にも水分を蓄えるための組織。この「パワータンクがついた株」が輸入されることもあるが、タンクがあることで発根率が高いとはいえないようだ。100株ほどのタンクつき株を植えつけた人物は「結果的には、1〜2割の発根で、タンクのないものと差はなかった」と言っている。

　株の鮮度は、主根の「切り口がポイント」となるようだ。植えつけのときには、株の「生きた形成層」まで切り出し、その部分からの発根を促す必要がある。傷んだ部分は「褐色で酸っぱい発酵臭がある」。生きた部分は「鮮やかで明るい色、さわやかな木の香り」がある。この部分まで切り出し、地上部が水を吸い上げなければ、次の発根を促すことはできない。

　植えつけた株の枝に「新芽、葉の展開」があっても、根が出ているとは断定できない。確実なのは、葉のあとに「枝を伸ばす」ものは、確実に根が出ているということ。葉が出ても、それは塊茎にある養分を使っているだけで、「発根直前」であるといえるだろう。

4 ウルシ科やカンラン科の樹液

　ウルシ科のパキプスやカンラン科のコミフォラなどの品種は、どれも「粘度のある樹液」をもっている。根の切り口をこの樹液がふさいでしまうと、水が上がらず、発根の反応も閉ざされてしまうこととなる。

赤い樹液は、幹の養分も含まれる。流失は、体力を奪うことにもつながるのだが。

5 水耕栽培は、根の種類を見る！

　SNSなどでは「水耕栽培での発根に成功した」が、その後の「土耕栽培への移行で失敗」しているようだ。水耕栽培の専門家いわく「水中で伸びる根は『坊主根』と呼ばれるもので、これは土耕にすることはできない」。水中の根は、「水分と酸素」を必要としている。水耕の場合は、水分は十分にある。では酸素はどうだろうか？

　植物は、二酸化炭素とともに光合成を行っていることは小学校の教科書にもあるが、根から酸素を吸収していることをご存じだろうか？　水槽（容器）にたまった水は、水面近くでは酸素が豊富だが、水中では酸素不足。「エアレーション」は、対流をつくって、酸素を有効に取り込むことができるわけだ。

酸素の濃いところで根が発達している

トマトの水耕栽培。

6 温度がポイント

　パキプスについては、高温期での発根率が高いことがわかった。「日中の温度は、35〜45度」、加温してある温室内はそのくらいだろう。冬季室内の20〜25度では低い。「夜温25度以下の管理では発根しない」という説もある。とにかく室温が下がってしまう環境では、発根率は激減するようだ。

　常時25〜40度で管理している温室でも真冬の発根より、春になって外気温が上がった状況のほうが発根率が高いという情報もある。

　つけ加えると、「湿度は高いほうがよい」。高温の環境（温室など）で、根のない株は、乾燥によって体力を奪われてしまう。つまり、その蒸発を軽減するためにも、湿度は高めにしておくことがよいようだ。

塊茎の部分までカットしても生きた細胞を発見できない株もある！

イキイキとした主根は鮮やかな色だ！

主根をタテに裂いてみるのもアイデアかも

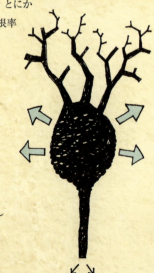

7 殺菌剤と発根剤

　株の切り口から、雑菌感染で株が弱る。ランやサボテンなど、切り口の滅菌、消毒を力説する生産者は少なくない。

　切り口の部分を殺菌しても、培養土へ植え込めば、そこには雑菌がいるので、それほど意味があるとは考えづらい。ランなどの切り口からの細菌感染のリスクとは差がある。サボテンの挿し木などは、切り口を完全に乾かし植えることが定石だが、パキプスの場合は、完全に乾いてしまうと切り口の「形成層」が壊れてしまうので、湿度を守る必要もあるようだ。

　水耕栽培は、水自体に雑菌がふえないよう、エアレーションで酸素を取り込み、酸化防止作用が期待できる「ゼオライト（ミリオン）」を入れることは有効のようだ。発根剤の使用は有効だろう。しかし、1～7の条件が、それなりに整った株の状態の場合だ。発根剤の定番としては「メネデール」、「ルートン」があるが、塊根関係者は「オキシベロン、ラピッドスタートRapid Start Rooting Enhancer」の支持率が高い。成分の差やその効果については、専門知識をもち得ないので、詳しく書くことができない。

　水耕での使用の場合、溶液の濃度や時間など、まだまだ手探りなので、参考程度に考えていただきたい。

8 枝の処理

　根元の処理を注視してきたが、枝はどうだろうか？

　これを挿し木と考えると、根がないものは、枝や葉の量を減らすのが定石。枝や葉からは水分が出ていく。根が育っていない株にとっては、水分が不足するばかりなのだ。

　枝を払うことがポイントになるか否かは不明だ。

9 用土

　水耕栽培で発根した株を鉢植え（土耕）にして、結果的に枯らしてしまったケースは、数多くあるようだ。

　「坊主根」は、分岐もなく伸びた根で、土耕にした場合は１００％枯れてしまう（水耕栽培の農学部教授談）。では、水中で土耕向きの根を出す方法はないのだろうか？　それは「培地」を使うことで解決できるというのだ。

　現在、水耕栽培の技術が飛躍的に伸び、市販のトマト、レタスなどの葉物野菜などはこの技術が採用されている。

　培地には「ロックウール」が主流で、ここに種子をまいて発芽させて、水耕栽培に移行させる。今回の株の発根は、培地のまま水耕にし、培地ごと鉢上げすることができるのではないかというアイデアだ。

　ここで使用するのは「ココヤシの繊維」。ココマットとも呼ばれ、市販の培養での原料として広く使われているものだ。ココヤシの繊維は、ココナッツの油脂部分を取り出したあとの廃棄物で安価だ。しかし、「ふくらむ土、軽い土」として市販品になっているが、「塩分、アク」が残っている粗悪品も多いので注意する必要がある。

「ベラボン」
根元断面から水が上がることが大切なので、ココヤシの繊維を巻くのは、株が反応してからでもよい。

10 発根までの時間

　根のない株を植えつけた場合、発根までの日数は２～３カ月が多いようだ。輸入された株は、それぞれのコンディションに差も大きく、あくまでも発根体験の多い方々からの経験的認識から導いたものだ。輸入時点でコンディションのよいものは、植えつけ１～２週間で発芽、発根するということも珍しくない。逆に、植えつけてから４～５カ月たって発芽、発根を始める晩生の株もある。これは、株だけでなく「温度 6 」と関係するところが大きいようにも推察される。

泥沼の発根歴

横町 健

アネケンが挑戦する水耕発根法!

何が正解かはわからないが株を生かしてやる!

5カ月後に見事発根!

2018年冬に輸入され、すぐに土耕下の反応が出ることなく春に、気温が上がった5月に、突如、新芽を吹くという奇跡の1株。

発根率9割!

確信はなかったが、高温多湿で管理して、発根率はアップした!

BOTANIZE

最初に手がけた塊根は、パキポディウム・カクチペスだった。

2014年、この時期は「塊根黎明期」、灌木系のパキプスなども数万円で流通していた夢のような時代だ。趣味家の中では多肉植物のジャンルとして「塊根」というコトバはあったが、いまほど注目される存在ではなかった。無論「発根情報」などは、生産者の口伝にとどまる。クリエーティブ業界にプランツ熱が上がり、その渦の中心にいた一人が横町健だったのだろう。植物がファッション的インテリアモチーフとして扱われることに、強く反発する空気もあった。しかし、この時代に塊根植物を正しく語れる人物は限られ、誰もが栽培方法も手探りの渦中にあったわけだ。

塊根植物に魅せられて「**未発根株**」に挑んだ。それは、完全発根の鉢植えより安価なメリットだけでなく、最初から育てたいというこだわりだったのだろう。小学生のころには、園芸好きの父親の影響で、サボテンのタネまきを楽しんだ素地がある。未発根株が生長した姿を想像し、誰よりも早く、その株の魅力を見極めること。自らの気づきを最優先する横町らしさのすべてがそこにあった。グラキリウスをはじめとする何種類かのパキポディウムは、7〜8割の確率で発根した。

「高温で**乾燥した自生地をイメージ**しました。根がないので、頻繁に霧吹きし、ガンガン日に当ててしまっていました……」。直射日光で株に負荷がかかりすぎたのだろう、塊根のボディがブヨブヨになって、腐ってしまったものもある。

本業のデザイン事務所のベランダで、趣味の植物栽培だったはずが、'14年にはネットショップ、'16年には代官山の実店舗と展開する激変の年となる。そのころに、「**パキプス9割発根！**」という奇跡に横町は遭遇する。パキプスの発根が「2割前後」というのは、いまでは定説となっているが、そのころの彼の熱意はパキプスの形成層をも目覚めさせたのかもしれない。

「高温の小さな温室で、ヒマさえあれば霧吹きで加湿してました。塊根部に新聞紙を巻いて湿してましたよ」。この高確率を記録したのは4月の株で、前述（P27）したように、マダガスカルでは秋に体力が充実した条件のよい株だったと想像できる。

'16年以降、事業の拡張でいくつかのガラス温室で植物を管理するようになったが、あの幸運は二度とやってこなかった。

塊根植物、多肉植物、サボテンを取り扱うようになったBOTANIZEでは、温室は25〜30度ほどで管理し、湿気を嫌う植物のために「大型扇風機3台を24時間回した」のだ。

温室内は、高温で乾燥、多肉植物にとっては理想的な環境だが、パキプスの発根には不向き。この問題点に気づくまでに2年という時間が必要だったのだ。

'17年ごろには、パキプス人気も沸騰し誰もが欲しがる品種になったが、国内での発根方法に正解を見いだせず、迷走が続いた。

横町は、ネットで発見した個人輸入業者から10株を購入してみた。その業者の発根法は『昼夜の温度差でパキプスは発根します！』。言われるがままに、夜は温室の温度を下げてみたが、すべての株が枯れてしまった。

業者に問い合わせると『信じられません。ここでは8割以上発根してますよ！』。横町が研鑽するブラジリアン柔術魂がここでのタップを許さなかった。「**もう10株、ください**」と追加発注したものの、1株も発根しない。その輸入業者の提唱する独自発根法は、いまでも理解できない。

'18年には、年間150株ほどを新しい業者から仕入れてみた。株の状況も吟味して、「パワータンク」のあるものを厳選したこともあった。しかし、結果は「2割程度の発根率」にとどまってしまった。地中のタンクがあるから、発根率がアップするわけではない。

「**発根は運じゃないのかなぁ〜**」と、正解を導けない横町の苦悩は、察するに余りあるものだった。

「泥沼の発根歴」と銘打った本企画の中で、泥沼を知る塊根猛者の知恵を集め、左記のポイントを整理することができた。

あの「奇跡の9割発根」の鍵は、こまめな加湿によるものだと推察できる。パキプスは、グラキリウスなどと違い、平坦な地の赤土（粘土質）に自生しているそうだ。夏の雨期には高温多湿になるような場所、水を嫌うわけでは決してないのだ。

横町が体験した泥沼の発根歴は、『**気温35度、夜温度を25度以上、湿度100％**』というマダガスカルの雨期を「理想的な発根環境」ではないかと導き出したのだ。

切り口の部分からしっかり発根している！

2019 検証 発根実験

オペルクリカリア パキプス

水耕による発根推論に従って、2019年3月から発根実験を始めた。現地からの未発根種（発根管理中）を提供いただき、20株ほどを3カ所の趣味家の環境でスタートした。季節の変わりめのころで気温変化が大きく、栽培環境もかなり手探りの管理となった。本書の限られた制作期間の変化ではあるが、推論の検証として紹介したい。

1. 発根は「株の生体」しだいだ！

集まった株の状況には差があった。ひと月ほど前に輸入され、すでに鉢で発根管理中のもの。2カ月以上鉢で管理されていたが、発芽していない株。いったん発芽したが、数週間で葉が枯れてしまった株など、20株の状況はさまざまだった。

土耕の鉢から抜くと、枯れた側根が確認できるものもあったが、すべて未発根状態。

発根後に枯れた根

2. 乾燥は禁物。株の保存環境

今回の実験に輸入株を提供していただいた業者さんは、それぞれに豊富な発根体験をおもちで、それまでの管理も的確だった。しかし、すべての株が発根しているわけではない。

その中でも、輸入の時点から"乾燥を防ぎ"管理している株に発根の確率が高いといえるだろう。

たとえ葉が展開していても、根は動いていない株も少なくないので、要注意だ。

3. 株元を確認！「生きている組織を見つける！」

根元を確認し、株に水が上がるような鮮度のある組織なのかを判断する。まずは、株に水が上がることが優先。

株元の状況はさまざま。主根がほぼ腐っているものもある。「生きている形成層」までカット！ それは木の匂いで判断できる。生きていれば、さわやかな木の香りだ。この時点で、3割の株に生体を発見できなかった。残念！

4. ココマットの使い方

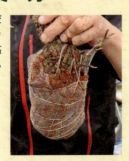

水耕の培地として選んだのは、ココヤシの繊維をカットしたもの。保湿性が高く、適度な空気層もつくることが可能だ。

5. 薬剤の使い方

株の切り口の殺菌よりも、溶液が雑菌で腐敗することが懸念される。容器の底石にゼオライトを使うと殺菌作用が期待でき、エアレーションして酸素を豊富にするとよい。

しかし、高温なのでバクテリアの繁殖が活発になるため、切り花用の「水質保持液」も効果があるかもしれない。

水耕から2〜3週間は、水は濁り、木の成分でドロドロ。カメの水槽のような悪臭もある。
生体がない株の断面には、雑菌（?）の膜がついた。生きた株にはこれがない。木が抗体物質でも出しているんだろうか？

6. 発芽！

株に水が上がり形成層が活性化すると、枝先や株の表面に萌黄色の生長点を発見する。これが葉芽だ。

順調に生育すると、3枚の葉に生長するが、この時点で株元に発根の兆しはない。「発芽と発根は同時」という説もあるが、今回の実験では根のほうが遅れるケースが先行した。

Wowwwwwww!
反応が早い株は、2週間ほどで反応があった！幹の表面、枝などから、次々に葉芽が確認できるぞ！

しかし、葉が出ても、根も反応するとは限らない。油断大敵だ！

ここまでで、20株中10株が生体を確認できず廃棄。
開始8週間で4株が発芽。2株発根！！

7. 発根まではいろいろ

気温の高い時期に、湿度100％で管理すると、株や枝にカビがつくことがある。

発芽した株と未発芽の株を比較すると、未発芽の枝に白カビがついた。枝の生体反応があるものは、カビもつきにくいようだ。

発芽してからは、水温を30度に下げて管理。水の悪臭もなくなった。

断面の形成層から「白い部分」が！！
これは根だ。

8. 発根！

株元断面の形成層が白く見えると、発根の兆し。発芽から3週間ほど遅れた。発根の確認ができてから、ココマットに包み、プラ鉢に差し込んで固定した。

ココマットが動くと、生長している根を傷める可能性もある。

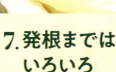

発芽から80日、発根から40日。
いよいよ枝が伸び始めた！

9. 移植

葉の部分に新たな茎が確認できると、発根も順調だという証しだ。

根が展開している期間には、水位を徐々に下げながら、水分と酸素をしっかり供給できることがポイント。

水耕で株が安定したら、ダメージを与えないよう、時期を選んで移植すべきだろう。

今回の実験では、この状況に至っていないが、ココマットごと培養土に埋め込み、そのままワンシーズンほど管理するのがよいだろう。

この発根検証では、パキプスの性質の一部分を確認することができた。それは、旧来、流布されてきた、サボテン的な管理発根では灌木系塊根植物の発根率は極めて低いということも含まれる。しかし、水耕がベストだと断言できるところには至っていない。
土中で可視できないから神頼み！そんな時代は終わりにすべきだろう。本書の水耕は継続的に管理し、また新たな情報をお届けしたい。

編集部　水耕発根検証チーム

プロからの多面的アドバイス
灌木系塊根植物栽培の基本

乾燥に耐える品種が多く、鉢栽培においてもしっかり発根したものは、比較的、管理は難しくないとされている。
鉢栽培では、主根が太くならないため、細根が枯れないよう管理することがポイント。
サボテンや他の多肉植物に比べると、夏季にはしっかりした水やりが必要。
冬季も細根が枯れない程度の水やりを心がける。
日光を好むので置き場に注意し、葉を充実させることで、見応えのある株に生長する。

1 | 生長サイクル

灌木系塊根植物は木本であり、自生地では中低木として生長する。
多くの品種が春から夏にかけて葉をつけ、晩秋には葉を落とす。
毎年枝を伸ばすが、株が大きくなるには10年単位の時間が必要。

2 | 植えつけ、発根

パキプスに代表されるが、海外から「抜き苗」で輸入される未発根のものが多い。
灌木系塊根植物は、塊茎に水分と養分を蓄えているが、苗にはほぼ根の部分はなく（採取時に切り取られている）、発根させることは容易ではない。

植えかえ
発根している鉢植えの株を購入した場合、鉢内の発根状況を正確に測ることは難しい。
灌木系塊根植物は、鉢に仕立てた場合には「主根」を切り取っているため、細かな根を毎年伸ばす。鉢をたたいて詰まった音（プラ鉢の場合）がしたり、水抜けが悪い感じがしたら、植えかえが必要だ。
購入したての鉢植えを、すぐに植えかえることは、植物にとっては大きな負担をかけるので厳禁だ。植物が新たな環境になじんで、生長を確認し、根鉢の状況が理解できてから、植えかえは判断したい。

肥料
植えかえ時や開花後、株が体力を使う時期には、適量の化成肥料を与える。
用土の表面に置く顆粒状の化成肥料は、水やりが頻繁な春から夏には、1～2カ月で効果がなくなる。速効性のある液肥は、用土にとどまる成分が少ないので、定期的に散布が必要。

3 | 置き場

日照
日中は、直射日光が当たる場所か、軒下で管理。雨がかからない場所がよい。
気温が高い夏季は、露地での栽培も可能。しっかり日に当てることで、塊茎に養分を蓄え、冬の休眠に備える。

通風
密閉した室内などで長期間管理することは避け、風が通る明るい場所がよい。

温度
葉が硬質なものは、温度変化にも強い。葉の薄いやわらかな品種は、最低温度を5～10度くらいに考えるとよい。

4 | 水やり

乾期にはほぼ降雨のない地域で自生しているが、生長期には水を好む。地中深く主根を伸ばし雨期の水分を取り込んでいる。この種の多くは、地中にもパワータンク（塊根）をもち、ここに水分を蓄えることができる。しかし、鉢植えのものがこのパワータンクをつけるためには、かなりの年月が必要だと考えられる。

小さな鉢栽培の場合、水のやりすぎを心配する意見もあるが、水はけのよい土を使うことで、生長期には株の充実を目指したい。

5 | ふやし方

種子をとることで、実生苗を作ることができる。
新しい枝を挿し木することも可能。

6 | 夏越し・冬越し

夏越し

冬場に室内管理していた株を、ベランダなどの屋外に出すタイミングが難しい。

新芽が出て株が動き始めても、急な低温のタイミングで水やりをすると、新しい根が出ていない場合は、根腐れの原因となる。

気温の上昇や葉の展開を確認しながら、少しずつ量をふやすことがポイント。

冬越し

冬季は、15度以上の場所で管理するのが理想。特に鉢が冷えると根が傷むので、月に1〜2回は軽い水やりをし、根を枯らさないように心がける。

秋には落葉するが、塊茎の表面ではわずかな光合成も行われるので、日中は明るい場所で管理することが望ましい。

根が細かいので、休眠期（冬場）に根がダメになってしまうと、休眠明けに新たな根が出るのを見極める必要がある。

7 | トラブル

発根した株の管理について「難しくない」という意見が多いが、「完全発根株」購入時のトラブルは少なくない。

まず、発根していても「環境の変化」が株に負担をかけること。温室管理から室内に変わったら、気温差に注意する。冬季の夜温が急に下がり、残った葉が急激に落葉することがある。根を守るための「最低限の水やり」、鉢の温度を10度以下にしないことが、翌年の新芽の展開につながるだろう。

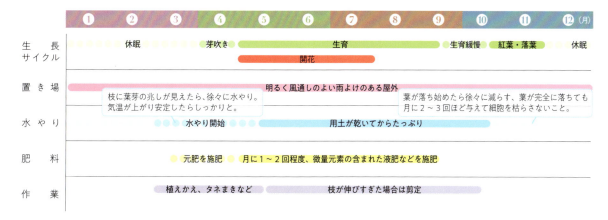

灌木系塊根植物栽培カレンダー

	①	②	③	④	⑤	⑥	⑦	⑧	⑨	⑩	⑪	⑫ (月)
生長サイクル	休眠			芽吹き	生育				生育緩慢	紅葉・落葉		休眠
					開花							
置き場					明るく風通しのよい雨よけのある屋外							
水やり				水やり開始		用土が乾いてからたっぷり						
肥料				元肥を施肥	月に1〜2回程度、微量元素の含まれた液肥などを施肥							
作業				植えかえ、タネまきなど			枝が伸びすぎた場合は剪定					

置き場補足：枝に葉芽の兆しが見えたら、徐々に水やり。気温が上がり安定したらしっかりと。／葉が落ち始めたら徐々に減らす。葉が完全に落ちても月に2〜3回ほど与えて細胞を枯らさないこと。

盛夏の直射日光下では葉やけする場合もあるが、できるだけ日光によく当てて管理。活着して数年経過した株は塊根が形成されるため休眠期の断水に耐えられるが、発根1年未満の株は休眠期も細根が枯れない程度に水やりすると枯死しにくい。　※関東地方平野部基準

パキプス
植えかえ
協力 Kemuriradio

安定した春が適期。気温の高すぎる真夏には、根鉢が蒸れてしまうリスクがあるので注意。

準備する道具 培養土、土入れ、ハサミ、箸、鉢底ネット

1 鉢底をチェック。出ている根はカットする。

2 鉢の側面を拳でたたき、根鉢をゆるめてから取り出す。株を無理に引き出すと、細根が切れるので注意。

3 鉢底に当たる枯れた茶色い細根は取り除く。主根となる根には、パワータンクが生長するが、これをカットして「根伏せ」も可能。株のコンディションに合わせて判断したい。

4 鉢底ネットを入れて、底に用土を入れる。株の位置（高さ）を確認する。

5 根株の隙間から、用土を入れ込む。
鉢の内側に沿って、ヘラや細い棒を差し込んで隙間なく土を入れて根を安定させる。鉢の側面をたたくのもよい。

6 化粧土として仕上げの「赤玉土」を表面に飾る。

7 水を張ったバケツに鉢をつけて吸水させる。
鉢植え後の1～2週間は根鉢の蒸れに注意し、直射日光は避けた場所で管理する。

完成

Pachypodium
パキポディウム属

グラキリウスを知ることは塊根植物を知ること

キョウチクトウ科に属し、大きな塊根状になる種も多い。この属名は「pachys(太い) + pous(足)」に由来し、茎は鋭いトゲを密に列生させる。花色は黄色、白色、桃色、赤色があり、いずれも花冠はキョウチクトウに似た形で5裂する。

茎や幹を傷つけると白い樹液を出すが、これにはガム質の成分を含み、傷口を固めることができる。その樹液は、キョウチクトウ科に共通する「アルロカイド系血液毒」を含むものもある。その一方、マダガスカルの住民にとって、ゲアイやラメリーなどの高性種の樹液は、狩りや旅のときには渇きを癒やすものだ。少し苦みがあって、それも好まれているようだ。

分布は熱帯および亜熱帯圏で、アフリカ南部に5種、マダガスカルには15種ほどが知られている。

自生しているものは、低木ないし小高木の広葉樹で、6m以上に生長する種もある。茎が肥大するツボ形、ビン形など塊根の種類は、生長の過程で変化しする場合もあり、自生場所の影響も受けているようだ。デカリーのように長い茎をもつタイプ、ビスピノーサムのように地下に大きな塊根をもつタイプ、ブレビカウレのように茎は退化し丸い形状に多肉化したものなどがある。

海抜の低い乾燥地から標高の高い岩場まで、自生地の環境には差がある。多くのものは、熱暑の雨期と乾期がはっきりした場所に自生するが、周年冷涼な高地には、小型種が分布している。そのように、それぞれの種ごとに好む環境には差があることがわかる。

日本での栽培は歴史も浅く、キョウチクトウ科のツボ植物ということで、「ツボチクトウ属」という属和名もあり、「恵比寿笑い（P.brevicaule）」「光堂（P.namaquanum）」などの和名は、いまも流通名となっている。

繁殖は、芽接ぎか実生栽培が可能で、国内で採取した実生の株も多く流通するようになった。抜き苗（根を切った株）で輸入されるものは、姿に野趣が残るが、国内で実生栽培された株は自根をもち、姿も整ったものが多い。

純国産美形株 4年目の

国内最大級のグラキリウス
直径41cm／株高65cm
サボテンオークション日本 栗原東五氏所有のコレクション株

Madagascar
マダガスカル

Pachypodium gracilius
グラキリウス【象牙宮】

2010年代の中頃からパキポディウムのみならず、コーデックスの中でも絶大な人気を得た。イザロ、マカイなどマダガスカル中南部の高原に分布。トゲが針状で密集し、球状の塊茎から直立の枝を出すロスラーツムの亜種。丸く太った幹が魅力で、幼株のときには生えているトゲも、生長とともに落ち、滑らかな肌となる。やわらかな色味の白い肌から、「象牙宮」の異名ももつ。マダガスカルの南寄りの高地原産なので、パキポディウムの中では比較的低温に強い種。無加温で越冬させる際は、できるだけ日光に長時間当て、雨や風が当たらない環境で管理する。生育を開始したら鉢土が乾いたらたっぷりと水を与える。秋は10月に入って気温が下がってきたら徐々に水やりの量と頻度を減らし、落葉し始めたら断水する。春は3月後半から気温の上昇に合わせて少量の水やりを始める。

枝が石綴した株。

Pachypodium パキポディウム属

Pachypodium brevicaule
ブレビカウレ【恵比寿笑い】

マダガスカル中部、首都のアンタナナリボからフィオナランツォアにかけての地域、イトレモ山脈、イビティ山脈などに分布。分布域は標高1400〜2000mの高地で、乾燥地とやや湿潤な地域が入り交じっている。イトレモ山脈由来の株とイビティ山脈由来の株では姿が異なり、イトレモ産のほうが茎、葉、花が小さい。「茎の短い」という意味で、その名の通り、短く太い枝を横にいくつも出す、ずんぐりとした株姿をしている。日本には昭和30年代後半から株が輸入され、そのころから「恵比寿笑い」の名で親しまれている。自生地では岩の隙間に根をねじ込むようにして育ち、直径80cmにも盤状に広がって育つものもある。輸入された現地株は、日本の高温多湿な環境で根が傷んで枯れてしまうことがあるため、ラメリーなどを台木にした接ぎ木株も作られている。実生で育ったものは多湿な環境にも強く、実生株も流通している。

Pachypodium eburneum
エブルネウム

マダガスカル中部、ヴァキナンカラトラ州でのみ確認されている。標高1500〜2000mの乾燥した森林の中や、岩の表面などに自生している。パキポディウムとしては比較的近年になって見つかり、1993年に発見され1997年に単独の種として論文記載されたが、1998年にはロスラーツムの亜種とされた。種小名の*eburneum*は象牙色を意味し、その名の通り白い花を咲かせる。

Pachypodium densiflorum brevicalyx
ブレビカリックス

マダガスカル中部の比較的標高が高い地域原産。形質としては、デンシフロールムのずんぐりしたものと考えればよい。記載された。デンシフロールムとブレビカリックスの自生地は隣接しており、単にデンシフロールムの環境による個体差にすぎないという考え方もいまだにある。また、双方の自生地の中間には、デンシフロールムとブレビカリックスの中間的な特徴をもつ個体も見られ、判別は難しい。

Pachypodium roslatum var. *inopinatum*
イノピナーツム

マダガスカル中部、マハジャンガ州の標高1000〜1500mに分布。ロスラーツムの亜種で、イノピナーツムは葉の幅が狭い。また、花が白いことも、標準的なロスラーツムとの大きな違い。ロスラーツムはパキポディウムの中では育てやすい種だが、イノピナーツムは自生地が高地ということもあり、日本の高温多湿な夏はやや苦手。白花を咲かせるものにはエブルネウムがあるが、トゲの長さやガクの形状で見分けることができる。

©WALTER RÖÖSLI

Pachypodium rosulatum
ロスラーツム

マダガスカル産の黄花パキポディウムの代表。マダガスカルの海沿いから標高1000mまでの広い範囲に分布する。純黄色の花冠筒が長い花、大輪。トゲは、円錐形まれに針状の基本種。生長点付近はトゲに覆われるが、幹の中ほどから根元にかけては滑らか。地域によって変異が多く、亜種として分類されているものも多い。

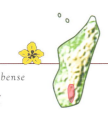

Pachypodium horombense
ホロンベンセ

マダガスカル北部の標高0〜1500mの地域に広く分布する。樹高は最大で1.5m程度で、パキポディウムとしては小型の部類となる。株姿はぽってりとした幹からいくつもの枝を伸ばし、幹にも枝にもトゲがたくさんつく。葉は楕円形で、葉裏には細かな毛が生えてフェルトのような手触り。花は釣り鐘状で5つのヒダをもつのが特徴。花を見ればすぐにホロンベンセであることがわかるが、花がない状態ではロスラーツムとの判別は難しい。大きい美花。

Pachypodium cactipes
カクチペス

マダガスカル南部のトラニャロ（フォール・ドーファン）を中心とした地域の森林に分布する。周囲にはアロエのショメリやベイケリ、ユーフォルビア・ミリイなどが生える。終日、日光が当たる岩場の上に自生する。種小名は「サボテンのような足」の意味。ロスラーツムの亜種で、花は純黄色で非常に大きい。トゲは針状で規則正しく並ぶ。ロスラーツムは象牙色ともいわれる白い肌をしているが、カクチペスは野性味を感じさせる赤みがかった肌が特徴。

Pachypodium makayense
マカイエンセ【魔界玉】

2004年と比較的近年発見、新種として記載された。マダガスカルの西岸に注ぐマンゴギ川の上流、国立公園としても有名なイザロの北方50kmのマケイ渓谷にのみ自生する。当初は独立した種として記載されたが、現在はロスラーツムの亜種として扱われることが多い。ロスラーツム同様の黄色い花が咲くが、中央は白色になるのが大きな違い。花は大輪。株が小さいうちは塊茎から枝が短く立ち上がるが、株が大きく充実するにつれ、横に張るようになる。近年発見されたり、新しく日本に導入された植物には園芸名がつけられることはまれだが、マカイエンセには「魔界玉」の園芸名がつけられている。

Pachypodium 'Tackyi'
タッキー

デンシフロールムの縮葉園芸品種。葉は縮れて肉厚、細身。縮れ葉品種とはいいながら、タッキーの名で葉が滑らかな個体も流通している。どういった交配で生まれた品種かは不明だが、花はデンシフロールムと酷似した形質をもっている。国内で作られた品種で、欧文表記にした際に「タッキー」がどのような綴りかは不明。幼苗のうちは、表面に短いトゲが多くある幹が筒状に立って育っていく。生長は遅い。

Pachypodium rosulatum Mandritsara
マンドリツァラ

ロスラーツムの一亜種。マダガスカル南部の内陸にある町、マンドリツァラの近郊で採取された。標準的なロスラーツムやグラキリウスに比べると、トゲが多く細葉であるとされる。まだ十分に生長していない株では、ロスラーツムや他のバリエーションとの見分けは難しい。

Pachypodium baronii var. windsorii
ウィンゾリー

マダガスカルのアンチラナナ州、マハザンガ州に分布。バロニーの変種（または亜種）とされており、バロニーに比べて小さくコンパクトで、より幹が丸く太りやすい。また、バロニーに比べると早い時期から分枝をするので、こんもりとした株姿を楽しむのによい。バロニーと同様、鮮やかな赤い花を咲かせることから人気のある種。ウィンゾリーの大きな魅力である花にも違いがあり、バロニーが先端の尖った花弁を広げるのに対し、ウィンゾリーの花弁は丸い円形に近い形をしており、花の中心部が黄色からごく薄いグリーンをしている。小さな株のうちから比較的開花しやすい傾向がある。絶滅寸前の希少種で、国内では、実生でふやした株がごくわずか流通している。小型種なので、適切な管理をしてもやたらには大きくならず、生長はゆっくりで寒さにも弱い。徒長したり、株が傷む原因となるので、過度の水やりや肥料は控えたほうがよい。

Pachypodium baronii
バロニー

マダガスカル北西部、ベファンドリアナからマンドリツァラに分布。標高の低い乾燥林のやせた土壌や、岩の上に自生する。バロニーは、1907年にパキポディウム属として最初に記載された種。地際で塊茎がツボ状にふくらみ、頂部で分枝する株姿。幼株のうちから大きなトゲをもつので、判別しやすい。グラキリウスなどが滑らかな木肌なのに対し、バロニーはしわが寄ってザラッとした風合いになる。パキポディウム属の中でも珍しい赤い花を咲かせるのも、バロニーの大きな魅力。夜温が15度を上回るようであれば、屋外に出してなるべく直射日光に当てて育てる。あまり頻繁に水やりしすぎると枝が長く伸びることがある。控えめに水やりしたほうが、締まったよい株姿になる。

Pachypodium lamerei

ラメリー

マダガスカルの乾燥した地域に分布。乾燥した森林、砂や岩を主体にした荒れ地、岩盤が露出した丘などに自生する。標高も0～1500mと広い範囲に適応している。トゲが生えた幹はツボ状にならず、上に伸びていく。自生地では樹高6mに及ぶこともあり、頂部で大きく葉を広げた姿から「マダガスカル・パーム」の名で流通することもある。多様な環境で自生することからもわかるように、非常に強い性質で、生育も早い。ブレビカウレなど、日本の高温多湿な環境では根が傷んで育ちにくい種を接ぎ木する際の台木として使われることもある。生育期は屋外の雨ざらしの環境でよく育つ。

Pachypodium rutenbergianum

ルテンベルギアナム
【鬼に金棒】

マダガスカルの西部に分布。標高400mまでの石灰岩、花崗岩などの砂地、落葉性の乾燥林や、海岸線沿いの灌木林などに自生する。種小名は、19世紀のドイツ人プラントハンター、ディートリヒ・クリスチャン・ルーテンバーグ（Diedrich Christian Rutenberg）への献名。*Pachypodium rutenbergianum* var. *meridionale*（パキポディウム・メリディオナレ）、*Pachypodium rutenbergianum* var. *sofiense*（パキポディウム・ソフィレンセ）という2つの変種が知られる。かつてはラメリーと同種とされていたこともあるが、現在は別種として扱われる。マダガスカル、南アフリカに分布するパキポディウム属の中でも最大級で、樹高は9mに達することもある。木肌は硬く滑らかだが、幼株や生長点付近には長さ1cmほどのトゲが生える。家庭での栽培ではあまり分枝しないが、生長点が傷んだり、大株になると枝が発生する。ほかのパキポディウム属に比べると生長は早い。スペースの余裕がない場合は、水と肥料を控えて締めて育てたほうがよい。通年、日によく当て、冬は最低13度、できれば15℃以上の場所で管理する。

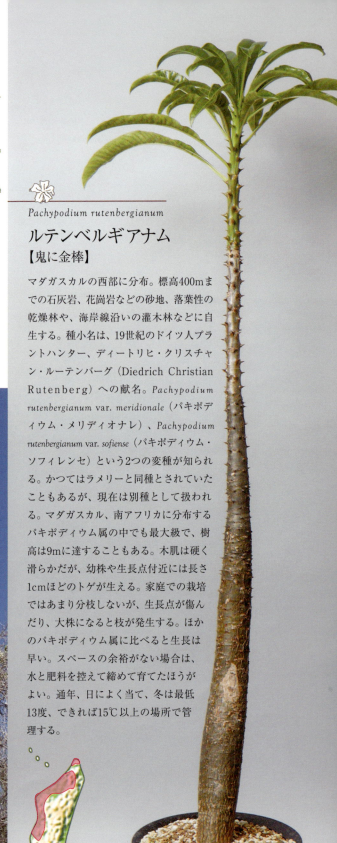

Pachypodium ambongense

アンボンゲンセ

マダガスカル北西部、スアララ郊外にあるナモロカ特別保護区のごく限られたエリアにのみ自生。ナモロカ特別保護区の別名「Anbongo」が種小名の由来。1924年に発見され、その後現地では絶滅したと考えられていたが、1990年代に個体群が再発見された極希少種。国内での流通株は、ほとんどが実生で作られたもの。ラメリーやゲアイに比べるとかなり生長は遅い。生育期に水を多めに与えると生育は早くなるが、過度の水やりは徒長や根腐れ、株姿が乱れる原因となるので注意。幼株のころは比較的水を好む。アンボンゲンセはパキポディウム属の中でも特に低温を嫌う種。冬季は最低12度以上を保って管理。できれば最低15度以上あったほうが、株が傷みにくい。休眠している冬も含め、通年よく日が当たる場所で管理。生育期は鉢土が乾いたらたっぷり水を与えるが、秋からは徐々に水を減らして、冬は完全断水。肥培された株や、水を多く与えて育てた株はあまり長期間断水すると株がへこむことがある。そうした場合は、よく晴れた暖かい日の午前中に水を与え、夜までに余分な水がきれるようにする。春になって葉芽や花芽が動き始めたら少量の水を与える。株の生育が進んだら、与える水の量をふやし、水やりの間隔を短くしていくとよい。

Pachypodium decaryi

デカリー

マダガスカル北部、アンカラナ特別保護区を含むエリア原産。石灰岩の岩盤の上に自生していることが多い。自生地では地上部にぽってりとした塊茎を作り、頂部から上に伸びる枝を出す。トゲがなく滑らかな肌をしており、ぱっと見はアデニウムのようにも見える。マダガスカル西部原産のアンボンゲンセとは南北に離れた場所で自生するが、その中間の地域では両種の交雑と思われる中間種が見られる。株が十分に生長すると白い大きな花を咲かせる。また、幹や枝に対して大きく幅広の葉を出すので、生育期にはみずみずしい姿を楽しむことができる。

Pachypodium lamerei var. fiherenense

フィヘレネンセ

マダガスカル南西部、トゥリアラの近くを流れるフィフェレナナ川の流域に分布。ラメリーの亜種だが、ラメリーがほっそりとした直線的な幹なのに対し、この種は幼株のころからぽっこりとふくらんだ丸みを帯びたフォルムとなる。また、ラメリーが最大4mほどにまで生長するのに対し、フィヘレネンセは最大1.5mほどにしかならず、生長も遅い。幹の形状や樹高には違いがあるが、トゲのつき方や花形などは同じである。通年ひなたで管理するが、冬は低温に当たらない環境に取り込む。冬の間もできる限りよく日に当てるとよい。

©WALTER RÖÖSLI

Pachypodium enigmaticum
エニグマチクム

近年発見され、2014年に新種として記載された。マダガスカル中央高地、標高1000m前後の地域に自生しているとされる。6cmほどの大きな花をつけ、中央の雌しべが突き出ていることが特徴。国内には、発見者とされるP.Pavelka氏からの接ぎ木、実生苗が入っている。現地自生株はブレビカウレのような球形だが、国内での栽培でその形状を維持するのは難しいといわれている。

実生株

現地自生株

Pachypodium densiflorum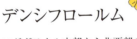
デンシフロールム

マダガスカル中部から北西部の内陸エリアまでの広い地域の標高500〜2000mまでに分布。花崗岩の岩盤が露出した丘や、花崗岩の表面、乾燥した森林地帯などに自生する。個体による差異が大きいが、これは自生する地域や、標高に大きな幅があるため。幹が丸くなるものや盤状になるもの、枝が横に張るものや上に伸びるものなど、さまざまな形質が見られる。いずれの地域の個体も、花の咲き方は変わらず、1本の花茎にいくつもつく花は花冠筒が短く、雄しべが見える構造になっている。

Pachypodium パキポディウム属

Pachypodium geayi
ゲアイ【亜阿相界】

マダガスカル南部原産。西岸海沿いのイファティ、内陸部の乾燥地帯イソアナラ周辺、比較的湿潤なアンドアウラ国立公園周辺など、異なる環境に分布するが、いずれも標高500m以下のエリアに自生する。幹全体にトゲがつく株姿はラメリーによく似ているが、ゲアイに比べて葉色が明るく、葉の中心がピンクにならないので判別することができる。また、ラメリーの葉は毛が生えずにつるっとしていることでも区別できる。寒さに弱いので冬は室内など温度が15℃以上になる場所に取り込んだほうがよいが、生育期は雨の当たる場所に置いて雨ざらしでもよく育つので、パキポディウム入門にもおすすめの種。

Pachypodium mikea
ミケア

マダガスカル南西部に分布。イファティからアンバトミロにかけての標高500m未満の乾燥したブッシュや茂みに自生する。いまのところは5カ所ほどのコロニーしか発見されていない。かつてはゲアイの一亜種として分類されていたが、現在は単独の種として扱われるようになった。株姿はゲアイと同じだが、花は、雄しべは突き出ず、花冠裂片を放射状に広げる。

Africa アフリカ大陸原産種

©WINFRIED Bruenken

　パキポディウム属の多くがマダガスカル原産とされているが、アフリカ大陸南部、ナマクアランドにも数種類が自生している。
　ナマクアランドとは、アフリカ南部、ナミビア南西部から南アフリカ共和国北西部にかけての地域。ほとんどが砂礫の乾燥地帯で、夏のわずかな降雨により多数の花が一斉に咲くことで知られている。

Pachypodium namaquanum

ナマクアナム【光堂】

南アフリカのステインコフからナミビアのロシュ・ピナまでの標高300〜900mの岩の多い丘陵地の斜面に自生。南アフリカからナミビアにかけての乾燥したエリアはナマクアランドと呼ばれ、そのエリア原産であることが名前の由来。日本には昭和30年代から輸入された種子の実生株が流通し、その後は苗も輸入されてきた。導入当初から光堂の名前で親しまれてきた。赤みを帯びたトゲとビビッドなグリーンの葉のコントラストが美しい。くっきりとしたレモンイエローの花も魅力的だが、ある程度の大株にならないと開花には至らない。やや根が弱い性質があるため、性質の強いラメリーなどに接ぎ木された株も流通している。

Pachypodium パキポディウム属

Pachypodium bispinosum
ビスピノーサム

南アフリカの南端、ポート・エリザベス郊外原産。小石の多い平原や、なだらかな丘陵のふもとなどに自生する。現地では塊茎の太った部分はほとんど地中にあり、わずかに露出した部分から枝を伸ばす。塊茎が埋まった状態だと、枝の基部から根が出て、子株になっていくという。枝にはトゲが2本ずつ対になってつくことから*bispinosum*（2本のトゲ）の種小名がつけられた。自生地の南アフリカの最南端は、冬には気温が氷点下近くまで下がる地域。そのためビスピノーサムも、成熟した株であれば関東地方以西では屋外越冬が可能。耐暑性にも優れるので、育てやすい種といえる。似た品種にサキュレンタムがあるが、花弁が細く、やや濃いピンク色。

Pachypodium lealii
レアリー

アフリカ大陸南西部、ナミビアとアンゴラの国境を挟んだ地域に分布。標高1000m以上の「エテンデカ（Etendeka）」と呼ばれる、玄武岩の石が転がる荒野に自生する。樹高2〜6mにもなり、一部の自生地では幹が太り、頂部がすぼまった樹形から「ボトルツリー」とも呼ばれる。アフリカ大陸には5種のパキポディウムが自生しているが、レアリーは最も北に自生する種である。日本の多湿な気候では調子を崩すことがあるので、ラメリーを台木にした接ぎ木株が出回ることもある。水やりや肥料が多いと株が間延びして、トゲとトゲの間隔がだらしなく開いてしまったり、根が傷んで枯れることがある。肥料や水は控えて、締めて作るのがおすすめ。

Pachypodium lealii spp. saundersii
サウンデルシー【白馬城】

南アフリカ北東部、スワジランド、ジンバブエ南部一帯に分布。日当たりがよく乾燥した森林地帯、岩場などに自生。現在、日本国内では「白馬城」の園芸名で呼ばれることがあるが、昭和30年代に小苗で導入されたものには「白帝城」、昭和40年代に種子で導入されたものには「白亜城」の名がつけられたという説もある。サウンデルシーをはじめとするアフリカ南部原産のパキポディウムは寒さに強いものが多いので、パキポディウム入門に向く種。

パキポディウムの接ぎ木術

貴重なパキポディウムの株を、毎年越冬させて確実に生長させることは、たやすいことではない。「現地球は3年で枯れる」といった、業界伝説があるくらいだ。

春の水やりでボディ（塊茎）がやわらかくなったり、発育状況が危機的状況になったら、最終の延命技術として、その株の生きている部分を他の種に移植（接ぎ木）して育てることができるのだ。

接ぎ木は、根の弱い種類を台木の力を借りて生長を促したり、希少種の種をとるために、サボテンや一般の園芸でも行われる技術。しかし、ここで紹介するものは塊根植物であるパキポディウムの接ぎ木なのだ。

異なった種をつなぎ合わせる「接ぎ木」は、一般の園芸種、サボテンなどでは多くの試みがあるが、パキポディウムなどの塊根植物では珍しい。現地球の姿が好まれることと、品種によっては生長も遅く、株自体が安価ではないため簡単には切れないことなど、複数の要因があるだろう。

接ぎ木は、株が弱った貴重種を保存できる。接ぎ木した種は、台木の勢いで生長も早く、通常よりも早く花をつけて種子をとることにも有効だ。

これまで、誰もが簡単にはナイフを入れることができなかった、グラキリウスやウィンゾリーなど貴重種を接ぎ木に仕立てている趣味家がいる。55年（約半世紀）前から多肉の接ぎ木や盆栽仕立てを独自研鑽している群馬カクタスの富沢義一さんと、その技術を習得せんと数々の接ぎ木に挑戦中の北森翔太さんだ。

この秘技を本書のために惜しげもなく公開していただいた。

富沢義一（左）
園芸は鉢花からナシの生産まで手がけるが、55年続けているのが趣味の多肉植物栽培。希少種は実生し数々の接ぎ木も手がける。
北森翔太（右）
多肉植物歴は4年と短いが、師匠の富沢さんとともに、パキポディウムの実生、接ぎ木の技を磨いている。

接ぎ木の基本

根のついた台のほうを「台木」、接ぐ側を「穂木」という。一般的には台木と穂木にも相性がある。サボテンなどの場合、この台木と穂木の相性が悪いと、つかないこともあるようだ。パキポディウム属の中では、どの種でも可能（だと考えられるが、マダガスカル系、アフリカ系は、それぞれ同じ原産地のものと接ぐほうがよいようだ）。接ぎ木の台木にはサンデルシー（白馬城）、ラメリーなど、生長が早い大型種がよいとされる。実生株が安価で流通しているため、入手も比較的可能だ。

台木に適した品種

ラメリー、ゲアイ、ミケア、ラモスム、サンデルシー（白馬城）、デンシフロールム、ホロンベンセなどは根が強く、生長も早い。パキポディウム属だけでなく、クリソポディウム属でも台木にすることが可能。

グラキリウス

サンデルシー（白馬城）

マダガスカル系とアフリカ系を接いでも問題はないようだ。

時期	気温が20〜30度の生育時期がよい。生長を始める4〜9月までが接ぎ木を成功させやすい期間で、生育が活発になる6〜7月が最も適している。あまり高温の真夏は避ける。
道具	● カッター（新品で未使用の刃）　● 水道水を入れたスプレー ● 毛糸（細めのもの、適度の収縮性があってトゲに絡みやすく扱いやすい）　● ティッシュペーパー

1

新品のカッターを使用する。多肉植物にもウイルスがついていることがあり、樹液で感染するので枝やボディを切り詰める際の刃物は熱消毒がおすすめ（タバコモザイクウイルスは熱に強いため、第3リン酸ソーダ水がおすすめ）。また、熱であぶると刃の切れ味が落ちたり、ススが断面に付着してしまうため、上記の薬品が手に入らなければ、使い捨てのカッターを使用するほうがよい。

2

台木と穂木のバランスを考え、カットする位置を決める。接合面のサイズが同じであると、違和感のない形に育つ。穂木のほうも同様にカット。

断面図
パキポディウムの場合は維管束は気にする必要なし。（サボテンとは違う）

コツ、注意点

早く状態を見たくて糸をはずすのを焦ってしまうと、うまく活着しない。トゲが強いものを台木にするときは問題ないが、つるつるとしたものを台木にする場合はポットの凹凸に糸を引っ掛ける。それも難しい場合は、抜き上げて根に糸をを引っ掛ける（上げ接ぎ）。生長点さえあれば穂木をスライスして台木にフタをする感じで接ぐことも可能。

3

台木の上面を切り、切り口から出る白い液は、スプレーで洗い流す。

4

穂木を合わせ上から軽く押す。間の気泡と水分を抜くようなイメージで。

6

1週間はこのまま、日陰で管理する。その間の水やりは控える。毛糸をはずすのは、2〜4週間たってからが安全。その後も半日陰のような場所で様子を見る。糸をはずすのがあまりにも早いと、癒合部分がはずれてしまうので、焦らないことが肝心。

完成

5

ずれないように毛糸を巻いて固定する。トゲに引っ掛けるようにする。

失敗談

何回挑戦しても、うまくいかないものがある。台木を変えてみても、接ぎ方を変えてみても毎回癒合しないかどちらかが腐ってしまう。綴化や斑入りなどはそもそもが奇形で弱いため、失敗しやすいようだ。接ぎ木だから強いだろうと過信して、邪険に扱うと過酷さに耐えきれず冬季に枯れてしまうことがあるので注意されたい。

接ぎ木の美しさ

| 穂木 マカイエンセ（魔界玉） |
| 台木 グラキリウス（台木から出ている枝からグラキリウスの花も咲く） |

| 穂木 タッキー |
| 台木 ラメリー |

| 穂木 タッキー |
| 台木 サキュレンタム |

| 穂木 ウィンゾリー |
| 台木 サンデルシー |

| 穂木 ウィンゾリー |
| 台木 ミケア |

| 穂木 ウィンゾリー |
| 台木 ラモスム |

| 穂木 ウィンゾリー |
| 台木 サキュレンタム |

| 穂木 ブレビカウレ |
| 台木 ラメリー |

| 穂木 ブレビカウレ |
| 台木 ラメリー |

プロからの多面的アドバイス
パキポディウム栽培の基本

パキポディウム属グラキリウスは塊根植物を代表する品種。
発根管理、栽培場所、夏越し、冬越しの水管理、春の生長期などを、
特徴的な種を合わせて解説する。
「現地球は3年で枯れる」という業界伝説の原因ともなる、
栽培の勘違いも併せて検証してみる。

1 | 生長サイクル

マダガスカル原産の多くが「夏型」とされるが、自生地の環境には差があり、標高1000mほどの地域に自生するブレビカウレ（恵比寿笑い）などは夏の酷暑が苦手で、その時期は生長が止まってしまうこともある。

アフリカのナマクアランド原産のナマクアナム（光堂）は、環境によって生長期が不規則なため「難物」といわれてきた。「冬型」に近いサイクルをもっているようだ。

ナマクアナム（光堂）以外でも、ビスピノーサムなども冬型とされる。日本での栽培も、気温が高すぎると、花つきが悪くなったり花が小さくなったりするようだ。

2 | 植えつけ、発根

グラキリウスに代表される塊根植物だが、海外から「抜き苗」で輸入されるものが多い。

輸入検疫では、根が洗浄され土や虫がついていないことが基本。苗には、必要以上に細根をつけることができない。

しかし、パキポディウムの多くは、塊茎に水分と養分を蓄えているため、地上部の葉が落ちても発根する確率は高い。

植えかえ

発根している鉢植えの株を購入した場合、発根状況を正確に測ることは難しい。1年以上たった株は、鉢底穴から根が伸びていたりするが、培養土の水の抜けが悪く感じたら、根鉢がいっぱいになっているので、植えかえの時期と考えよう。

購入したての鉢植えを、すぐに植えかえることは、植物に大きな負担をかけるので厳禁だ。植えかえは、植物が新たな環境になじんで、生長を確認できて、根鉢の状況が理解できてから判断したい。

肥料

植えかえ時や開花後、株が体力を使う時期には、適量の化成肥料を与える。

用土の表面に置く顆粒状の化成肥料は、水やりが頻繁な春から夏には、1～2カ月で効果がなくなる。速効性のある液肥は、用土にとどまる

グラキリウスの盆栽仕立て
浅い鉢で、水と肥料をぎりぎりの状態で栽培。現地球のような野趣が出ている。

成分が少ないので、定期的に施肥が必要。
しかし、塊根植物の鉢物は「徒長」が禁物。肥料過多にならないよう、控えめな使用を心がけたい。塊根ファンの間では「マグァンプK」の信頼度が高い。

3 | 置き場

日照

日中は、直射日光が当たる場所か、軒下で管理。
雨がかからない場所がよい。
気温も高い夏季は、露地での栽培も可能。
しっかり日に当てることで、塊茎に養分を蓄え、
冬の休眠に備える。
生長期の日照は最も大切で、室内管理などの
日照不足は、塊根の養分をふやすことができず、翌年、翌々年での休眠明けに芽吹きがないということも少なくない。これが「現地球は3年で枯れる」につながると考えられる。すべては、生長期の環境が左右する。

風

密閉した室内などで長期間管理することは避け、風が通る明るい場所がよい。
温室、サンルームなどでの管理下でも、サーキュレーターなどで空気を対流させることが肝心。

温度

高温には強いが、梅雨時期や盛夏に鉢内の根が蒸れると突然状態を悪くする。

冬季は、温室や室内で最低温度を15度以上で管理。月1～2回、根が湿るくらいの水を与え、細かな根が枯れないように心がける。加温しない室内で管理する場合は、断水気味にする。根が乾き気味のほうが、根のダメージが少ないといわれている。

4 | 水やり

乾期にはほぼ降雨のない地域で自生している植物だが、地中深く主根を伸ばし雨期の水分を取り込んでいる。
小さな鉢栽培の場合、水をやりすぎることで徒長を心配する意見もあるが、水はけのよい土を使うことで、生長期の水加減を調整したい。

5 | ふやし方

種子をとることで、実生苗を作ることができる。

6 | 肥料

株の生長のためには、春先や開花後には有機質肥料（緩効性）を株元に置くとよい。
グラキリウスなどは、枝が伸びすぎて、塊根と枝の形状バランスが崩れることを栽培家が嫌う傾向もある。肥料を多く与えすぎると、塊茎からの茎が伸びすぎてしまうからだ。
日照、水やり、肥料のバランスを意識し、徒長させない管理が理想的だろう。

7 | 夏越し・冬越し

夏越し
冬場に室内管理していた株を、ベランダなどの屋外に出すタイミングが難しい。
新芽が出て株が動き始めても、急な低温のタイミングで水やりをすると、新しい根が出ていない場合は、根腐れの原因となる。
気温の上昇や葉の展開を確認しながら、少しずつ量をふやすことがポイント。
塊根の一部がやわらかくなったりしたら、根が傷んだサインなので、水やりは控え、鉢の温度を下げないように心がける。

冬越し
パキポディウムは、細かな根を展開するので、休眠期（冬場）に根がダメになってしまうと、休眠明けに新たな根が出るのを見極める必要がある。
冬季は、15度以上の場所で管理するのが理想。特に鉢内が冷えると根が傷むので、月に1～2回は軽い水やりをし、根を枯らさないように心がける。
秋には落葉するが、塊茎の表面ではわずかな光合成も行われるので、日中は明るい場所で管理することが望ましい。

春の発芽まで、水の管理は気が抜けない!

夏の西日や直射日光下では一時的に日やけする場合もあるが、長時間、直射日光下で管理すると形よく育ちやすい。
しっかり活着した株であれば、生育期は直射日光下で雨ざらしで育てると丈夫に育つ。

※関東中間地基準

秀さんの超実生球

　東京・下北沢の駅周辺がサッパリと新しくなった。駅前の闇市のような食品市場の路地も消えて久しい。多肉植物とは関係ない話のようだが、駅の改札口から2分ほどの場所で、毎夜モツを焼く店の主人、秀さんの話だ。

　下北沢の小道は、夜ごとどこまでも飲み屋の明かりが続くアルコール好きの人々には天国といえる場所。そこに秀さんが店を開いて30年近くになる。

　店は「定休日なし」、冠婚葬祭、その他私用がなければ店は開ける。モツは品川、魚は豊洲の市場で仕入れ、午後に仕込みの作業。夜7時に店に明かりをつける。これまで秀さんが続けてきたルーティンなのだが、毎朝、塊根植物、多肉植物の苗の様子を見て、日曜の昼には大株に水をやることも忘れない。さかのぼること40年前からパキポディウムを育てる、超趣味家なのだ。

　ベランダに置かれたグラキリウスは、30年前に手に入れた株で、まさに現地球に見えることに驚く。そして、そのタネから育てた10年目の株は、まさしく現地球のミニマムサイズといえる表情なのだ。

　塊根植物の人気が急騰したのはこの5年ほど、グラキリウスはいまだに人気品種。ここ数年は、現地から輸入される株以外にも、「実生球」「自根球」として、国内生産の苗が注目されているようだ。

　これにはいくつかの要因があって、まず「現地球よりお手頃価格」「現地球のように発根リスクがない」「小型で形のよい株が選べる」。3つめの小型のカッコいい株を希望する趣味家が年々ふえている。

　業界でも先んじて実生球を試みる方々もあり、所持した株のタネをとる趣味家も数多い。現在、日本にあるマダガスカル現地球よりも、国産実生球が数倍は育っているに違いない。しかし、その中に現地球の表情をもつ株が、どれほどあるだろうか？

　実生球を栽培すると、どんどん大きくすることが優先されて、どうしても間延びした株になってしまいがちだ。それを「水と肥料を控えて栽培する」と、現地球のようになるのだと秀さんは言う。コトバで理解できても、その栽培法を再現するのはたやすくはない。

狭小ベランダで
40年近く栽培された
グラキリウス！

バロニー
30年以上前に20cmほどの国産実生苗を購入。現在は、樹高1mほどに。

ウィンゾリー×バロニー
交配した兄弟種子からも、ウィンゾリーに近い個体(上)、バロニーに近い個体(下)が出る。

ウィンゾリー
30年以上前に20cmほどの実生苗を購入。現在は、樹高1.2mほどに。

10年物実生球
まるで現地球の顔!
お見事!

実生は2年までは水も肥料もたっぷり

枝が出てくると、そこからが勝負。肥料は、薄めの液肥を春から夏に3回ほど。株が充実してからは、水やりも控え気味で。塊根の表面の張りが少しなくなったら水をたっぷりやって、それを繰り返すのだそうだ。水と肥料分が多いと、塊根から出た枝が太くなり、現地球の表情にはならないのだとか。

秀さんの栽培場所は、広いとはいえないベランダ。冬は、加温したフレームに入りきらないグラキリウスは、露地で越冬させるので撓(しな)うという驚くべきスパルタだ。

中村秀明

20代で園芸雑誌に紹介されていたプセウドリトスに出合う。石のようなイモのような摩訶不思議な植物だが、その品種を探して多肉植物の迷路にはまった。国際多肉植物協会に入会し、諸先輩から実生の技を受け継ぐ。'90年代には、グラキリウスなどの塊根実生球の栽培を始め、いまでは毎年100株くらいの実生苗を育てている。

実生苗から現地球の顔つきに育てたいと思ったら、もつ焼き「秀」を訪ねよう。秀さんは、店の客にも厳しいらしい。

もつ焼き「秀」
TEL03-3468-7734
東京都世田谷区北沢2-9-3
三久ビル1F
予約も可能。店主はそれほど愛想はよくないが、多肉植物の話くらいはつき合ってもらえる。

Agave アガベ属

枯れ葉の鎧（よろい）をまとい
砂礫に降る
露で生きる

多肉質の葉をもつキジカクシ科の植物。ギリシャ語の「agauos 権威者、英雄」に由来するといわれ、雄々しく葉を展開する姿は、その名にふさわしい。

以前はリュウゼツラン科とされ、いまでもこれを使った情報も多い。2009年に公表されたAPGIIIの体系ではキジカクシ科（7亜科に約150属2500種を含む）とされ、その中のリュウゼツラン亜科に分類されている。APG分類法はゲノム解析から分類体系を導くもので、旧来のものとは根本的に異なるため、これまでの情報がすべて刷新されるまでには、かなりの時間がかかるようだ。

北米から南部内陸のテキサス州、アリゾナ州、そしてカリブ海諸島、南のコロンビア、ベネズエラまで、300以上の種があり、メキシコにはその半数以上が自生している。

年間の降雨がほぼないような乾燥地や寒暖差も大きな標高が高いとろにも自生し、その多くの種は、強健な表皮の葉をもち、水分や養分を蓄えるよう多肉化している。

メキシコや米国南部では、多肉化した葉や茎から樹液を搾って発酵させ「テキーラ」を作ることは有名だ。4〜5cmの小型種から、ロゼットの径5mにも及ぶ巨大な種まで変化が多い。乾燥した気候を好むが、日本で地植えできる耐寒性のある品種も多く、梅雨時期の高温多湿は嫌う傾向が強い。

繁殖は、種子かランナーだが、子株を吹きやすい品種とそうでないものがある。花は中心から長い花軸を出して咲くが、円錐花や穂状のものまでさまざま。大型種は、30〜50年生になって、はじめて開花する。日本にも園芸種として昭和以前に入っており、戦後のサボテンブームのころには、150種以上が導入されたそうだ。しかし、栽培環境によって株の形態に差があることもあり、品種の同定が困難だといわれている。早くから和名がついても、繁殖した株に明確な特徴を継承し続けることに栽培技術が必要だといわれている。

63

Agave titanota FO-76
FO-76

現在国内で流通するチタノタの多くはこの系統。名前に添えられるコードナンバーのようなものは、このチタノタを採集したフェリペ・オテロ（Felipe Otero）という人物が、採集地のエリアコード76として管理していた場所で採集したもの、という意味。

Agave titanota 'White Ice'
ホワイトアイス

青白い葉のものも多いチタノタの中でも、際立って白い葉をもつ品種。さらにトゲも真っ白という独特な風貌が目を引く。多少の寒さなら平気なので、関東地方以西であれば屋外越冬も可能。

Agave titanota　アガベ・チタノタ

Agave titanota black & blue
ブラック&ブルー

人気のチタノタのブルー系品種。白いトゲの先が、時を経るに従って黒くなっていく。締めて作られた株が、「ブルーボール」の名で流通することもある。

ブラック&ブルー群生

Agave titanota　アガベ・チタノタ

Agave titanota 'Hakugei'
白鯨
人気のチタノタの一品種。葉の縁にできる白いトゲが大きくなり、反りも強いのが特徴的。標準的なチタノタよりもやや小ぶりで生長も遅く、じっくりと作り込むのがおもしろい。

Agave titanota 'Sierra Mixteca FO-76'
シエラミクステカ
FO-76からの選抜品種で、強いトゲと肉厚の葉が特徴。育つとチタノタNO.1に近い株姿になる。やや小型なので、コレクション向きの種類ともいえる。

Agave titanota 'White Ice Blue'
ホワイトアイスブルー（WIB）
チタノタの品種のひとつ。一般的なチタノタよりも肌が白く、表面に石灰の粉をまぶしたようであることからチョークアガベとも呼ばれるホワイトアイスから出た、肌に青みがかかった選抜品。

Agave seemanniana ssp. *pygmaea* 'Dragon Toes'
ドラゴントゥース
青白い肌をした幅広の葉の縁に、細かな赤いトゲが印象的な品種。品種名はToothではなくToesで、竜の爪先の意味。

Agave potatorum Cherry Swizzle
ポタトラム チェリースウィズリー
メキシコのプエブロ、アオハカに分布。波打つ葉の縁に赤いかぎ爪をもつ。種小名の *potatorum* は、このアガベがアルコール飲料の原料となることから、「酒飲みの」を意味するラテン語 potator から来ている。アメリカ・カリフォルニア州、サンタバーバラのナーセリーで選抜、繁殖されたものが近年流通するようになった。

農大No.1

近年アガベの流通量がふえ、チタノタ「農大No.1」の由来についても多く語られるところ。このあたりで、いくつかの俗説を時系列で整理してみた。国内でのサボテン多肉植物趣味家の数は多く、その歴史も明治後半からある。しかし、趣味家の間でチタノタが注目されるのは戦後のこと、この時期に「titanota」の学名は存在しない。

戦後まもなく、近藤典夫教授が東京農業大学の正門前に、(財)進化生物研究所を設立。自費で大型木製温室を数棟建てた。特にサボテン多肉植物の専門家ではなかったが、多くの品種を集めた国内有数の研究室だった。昭和25年前後、メキシコから輸入植物の中にアガベの一種があり、「肉厚の葉と強刺、比較的小型で締まった個体」であった。ここが出発点であろう。

これを実際に目撃している国際多肉植物協会 会長の小林浩氏によれば、「アガベの一種 Agave sp. として、特別な分類名はなかったと思う」ということだ。同時期に四国の趣味家がメキシコから輸入したアガベの中にも、いくつかのチタノタがあり、流通番号として「1～18」を記したという説もある。戦後の復興期にチタノタの個体が複数輸入されていたのは事実だろう。「No.1」の命名由来は、決定的な記録は存在せず、記憶と口伝に頼るところだが、「農大にあった一種」という当時の業界認識を超えるものはない。

アガベ属「titanota」という種小名がついたのは1982年ごろ。「Agave titanota FO-76」の選抜種という位置付けが正しいようだ。

ちなみに「チタノータ、チタノタ」のカタカナ表記は、図鑑や書籍の出版社が個々に決めているもので、統一のルールはない。

「農大No.1」においても、チタノタの中の「選抜種」という認識が妥当だろう。近藤教授が輸入した株(子株を管理したもの)は、現在も研究室跡地の進化生物研究所の温室で栽培されている。

50年以上経過した同じDNAをもつチタノタだが、温室の環境では「農大No.1」としての顕著な特徴を見ることはできない。チタノタという種が、過酷な自生地の環境を体現した姿でこそ、その名がふさわしいことが理解できる。

つまり「農大No.1」として入手した株から子株が吹いても、それは生長した段階では、必ずしも農大にある「農大No.1」と同じ姿にならないわけだ。「ナンバーワン」という名も、選抜の特徴を示す流通名となっているが、上記と同義と考えてよいだろう。

現在「農大No.1」の子株が進化生物研究所の温室で栽培継続されている。日照不足のためか、姿は変化している。

Agave uthaensis　アガベ・ユタエンシス

Agave utahensis var. *eborispina*
エボリスピナ

細身の葉の先端から長くトゲが伸びる、シャープな葉姿が特徴。ユタエンシスの一品種とされるが、エボリスピナを個別の種として扱っていたこともあった。ほかのユタエンシスに比べ、葉のサイドにつくトゲが強い。高温期の多湿に弱いので、粒が大きくあまり水をもたない用土を使い、夏の多湿を避けて育てる。

Agave uthaensis var. *nevadensis*
ネバデンシス

ユタエンシスの一品種。アメリカ中西部、モハベ砂漠の標高1000mを超えるエリアに自生するため、耐寒性に優れる。アガベとしてはやや小型なタイプ。

Agave uthaensis var. *nevadensis* hyb.
ネバデンシス ハイブリッド

Agave horrida　アガベ・ホリダ

Agave horrida

ホリダ

つややかな緑の葉に、内側に巻き込む強いトゲがつく小型種の逸品。トゲや株姿が美しい、選抜株も出回っている。株姿が似たものにギースブレヒティがある。

Agave horrida ssp.

Agave parrasana × isthmensis
パラサナ×イシスメンシス
平たく肉厚で、縁がフリンジのようになった先に強いトゲをつけるイシスメンシスと、先端に尖ったトゲをもつパラサナのハイブリッド。青白い肌も美しい個体。

Agave parryi ssp. truncata 'Lime Streak'
ライムストリーク
国内でも古くから導入されたパリー・トルンカータの斑入り品種。明るい葉色に濃い赤のトゲのコントラストが美しい。

Agave parryi var. huachucensis
ホーチエンシス
吉祥天（*Agave parryi var. huachucensis*）の一品種。耐寒性が高いことでも知られる。パリーの中では大型で、直径90cmに及ぶこともあるという。

Agave shawii
シャウィー
南カリフォルニアからバハカリフォルニアにかけてのエリアに自生する。絶滅が危惧され、非常に希少。

Agave colorata
コロラータ
メキシコ原産。株は幅は30cm足らずと、コレクション向きの小型種。子吹きがよいので、株をふやしたり、群生で楽しむのにもよい。青白い肌も美しい。

Agave 'Blue Glow' × *colorata*
ブルーグロー×コロラータ
すんなりとした長い葉をもつブルーグローと、中央がふくらんだかつい葉をもつコロラータの交配。同じ交配であっても、葉がここまで細長くなく、丸みを帯びた葉のものなど、個体差がある。

Agave 'Blue Glow'
ブルーグロー
アテナータとオカピーの交配によって作られた品種。青みがかってうっすらと粉が吹いたような葉の縁に、赤く細かいトゲ、先端に赤い長いトゲができる。最大で高さ60cm、幅90cmほどに育つ。

Agave 'Blue Glow' Crested
ブルーグロー クレステッド
人気品種のブルーグローのバリエーションのひとつとされる。ブルーグローは葉の縁に細かいトゲが比較的密な間隔でできるのに対し、クレステッドはトゲの間隔が広く、ひとつひとつのトゲも大きい。

Agave parryi var. *huachucensis*
吉祥天
メキシコ原産で、広い地域に分布。多くの変種や亜種がある。中型で、70cm程度のロゼットを形成。青白い葉、茶褐色の鋸歯をもつ。

Agave macroacantha
マクロアカンサ
メキシコ原産の、細葉種。日照が不十分だと葉が大きく開いてしまい、細葉とその先端に長く伸びるトゲの魅力が生きない。しっかりと日に当て、締めて作りたい。葉は緑のもの、白みを帯びたものなどがある。

Agave macroacantha
マクロアカンサ群生

Agave 'Confederate Rose'
コンフェデレートローズ
小型で非常に子吹きのよいアガベ。1株で育ててもよいが、群生にしても楽しめる。ポタトラムなどを交配したハイブリッドとされるが詳細不明。海外では吉祥冠の矮性品種として扱っている場合もあるようだ。

Agave applanata 'Cream Spike'
クリームスパイク
アプラナータの葉の外側に斑が入るタイプ。メリコ錦とも呼ばれる。葉はあまりまとまらず、広がる。

Agave parrasana
パラサナ
大型になり、生長はゆっくり。葉の全体がワックスに覆われたような、白い肌をしている。耐寒性は高い。

Agave montana
モンタナ
直線的なラインの葉の縁に、赤いトゲが入る。比較的大型で、最大直径は150cmに及ぶことがある。

Agave xylonacansa
キシロナカンサ
メキシコ中東部原産。幅7〜8cmほどの、細身の葉の縁に強いトゲをもつ種。覆輪や斑が入るものもある。

Agave 'Swordfish'
ソードフィッシュ
キシロナカンサの一品種といわれる。細身の葉の縁に、内側に巻き込むトゲが生える。アガベとしては比較的育てやすい種類。

Agave isthmensis
イシスメンシス
「甲蟹（カブトガニ）」とも呼ばれる人気種。株幅20cmほどに収まる小型種。葉が短く、締まった株姿のものは王妃雷神と呼ばれる。

Agave potatorum 'Cubic'
キュービック
ポタトラムの一品種で、葉幅が狭いタイプ。ブルーグレーの葉に赤のトゲが生える、色彩の美しい種。葉の裏に亀裂やトゲがつくこともあり、個体ごとの表情の違いも楽しめる。

Agave bovicornuta
ボビコルヌータ（中斑）
メキシコのチワワ州などに自生する種の葉の中央に斑が入るタイプ。種小名は「雄牛の角」を意味する。

Agave potatorum f.variegata 'Super Crown'
スーパークラウン【吉祥冠覆輪】
吉祥冠（ポタトラム）の、葉の外側に斑が入るものが吉祥冠錦と呼ばれる。その中で斑の幅が広くて美しいものがこの品種。

Agave potatorum cameron blue
ポタトラム キャメロンブルー
ポタトラムの一品種。葉の縁にフリンジ状のヒダが入り、ヒダの先端にトゲが生える。日によく当てヒダが内側に巻くように育てるとよい。

Agave potatorum 'Kishoukan' *marginata*
ポタトラム【吉祥冠】
ポタトラムのうち、赤黒いトゲが出るものを特に「吉祥冠」と呼ぶ。日本国内で生まれた系統。選抜により、斑入りや覆輪などのバリエーションもある。

Agave potatorum 'Kishoukan' *marginata*
ポタトラム スペシャルクローン
ポタトラムのクローン栽培選抜種。葉形が短く、フリンジが美しい個体。

1 RM314
2 刷毛白線幅広
3 西さん系統超極矮性
4 薄雲
5 矮小丸葉
6 RM333
7 細雪
8 青木超濃白特性丸葉

Agave filifera v. *compacta* 'Pinky'
王妃笹の雪 ピンキー
乱れ雪（A.filifera）の小型で、葉先にトゲがあるのが王妃笹の雪。その中で、黄色い覆輪が入るものが、ピンキーと呼ばれる。米国生まれ。

Agave victoriae-reginae 'Hyouzan'
氷山
笹の雪（A.victoriae-reginae）の白斑タイプ。やや遮光を強めにしたほうが斑がくっきりと出る。

Agave filifera v. *compacta*
王妃笹の雪
ヴィクトリア-レギナエではなく、乱れ雪（A.filifera）の矮性の一系統。より葉幅が広いものもあるが、これは葉幅が狭い綴化個体。

Agave victoriae-reginae variegata
金色堂
笹の雪（A.victoriae-reginae）のうち、尖った葉全体に細かい線状の黄斑が入るのが特徴。

Agave victoriae-reginae 'Himesasanoyuki'
姫笹の雪
笹の雪の中でも特に小型のタイプ。笹の雪の仲間は雨に当てると葉に黒い斑点が入るので要注意。乾燥に強い。

Agave victoriae-reginae 'Kizan'
輝山
笹の雪のうち、葉の幅が広く、斑がくっきりと入る品種。標準的な笹の雪に比べると、やや小型。

Agave schidigera
シジゲラ
乱れ雪（A.filifera）の一種とされてきたが、現在は独立した種。葉の縁から出る繊維の一本一本が太く、より強く巻くのが特徴。

Agave filifera
フィリフェラ
種小名の filifera は「糸をまとった」の意味。その名の通り、葉の縁からはトゲではなく、繊維がめくれ上がり、独特の雰囲気を帯びる。個体により繊維の生え方が若干異なる。

Agave lophantha 'Quadricolor'
五色万代
ユニヴィッタータ（ロファンサ）のクアドリカラー、マルチカラー。冬に強い日光に当たると赤く色づく。海外でも Goshiki-Bandai の名で流通することがある。

Agave schidigera
白糸の王妃
斑の入ったシジゲラ。フィリフェラ、パリヴィフローラ、レオポルディを同様の名前、あるいは滝の白糸として売られていることも多い。

Agave stricta
吹上黄外斑
細い葉がびっしりと出る種。強光に当てて締めて育てると、より葉が直上するようになる。耐寒性が強い。

Agave stricta f.variegata
吹上錦

Agave 'Shark Skin'
シャークスキン
葉の縁にトゲがなく、滑らかな葉をした変わり種アガベ。すんなりとしたシルエットはアリゾニカにも株姿が似ているが、シャークスキンのほうが葉に凹凸が多い。

Agave pumila
プミラ
来歴不明のアガベだが。ヴィクトリア-レギナエとレクギラとの自然交雑種ともいわれている。葉の外側に、筋状の模様が入る。pumila（小さな）の名前の通り、小株にまとまる。

Agave 'Little Shark'
リトルシャーク
マクロアカンサとヴィクトリア-レギナエの交配種といわれる。株姿はマクロアカンサによく似るが、やや葉が肉厚。

地植えで生長した株姿
鉢植えとは、異種に見えるほどの迫力がある。

Agave arizonica
アリゾニカ
アメリカのアリゾナ州で採集されたアガベだが、A.toumeyana と A.chrysantha の自然交雑種とされる。滑らかな葉が特徴で、すんなりとした株姿が美しい。

Agave potatorum
雷神黄縞斑
メキシコ原産の雷神（ポタトラム）の、黄斑が入る品種。雷神は昔から人気の種で、株姿や斑の入り方でさまざまな品種がある。凍るほどの低温には弱いので、常に5度以上を保つ。

Style of CHIKA

その株は、枯れ朽ちた鎧武者（よろいむしゃ）にも見える

10年もたったような外葉繊維が残り、中をのぞくと生長点のみずみずしい萌葉が潜んでいるわけだ。

そのような野趣ある株も、アメリカのカリフォルニア州のナーサリーから輸入されたもので、荒野の自生株ではない。現地のありのままの姿、それをとどめたアガベを輸入しているのが、CHIKAだ。

近年、彼のセレクトする「オールドアガベ」が注目されている。

古参の趣味家は、「ゆっくりと枯れているだけのチタノタだ」とつぶやく。放射状につややかな葉を展開する温室栽培のアガベとは別のものに違いない。

しかし、乾ききった葉やトゲを内側に向け、うずくり、黙しているような姿に魅せられる若者が、数多くいるのも事実なのだ。

日本の都市生活者にとって、砂漠化する荒野を想像させるようなその姿は、アガベのもつ底知れぬ生命力を感じさせるものに違いない。

「鉢に植えつけた古木の枝を巧みに操って、日本の心象風景を"盆栽"という姿に創造してきましたよね。このアガベたちは、日本人のもっている"見立て力"を通して、新しい園芸世代に受け入れられてるんじゃないかな……」、CHIKAは、そんなふうに語っている。

2013年ごろから、海外からの輸入を始める。欧州やアフリカの品種などを手がけたが、カリフォルニアのアガベは2015年ごろから。2017年、東京・高円寺芽の巣山「アガベの山」は、アガベブームの発火点となった。

プロからの多面的アドバイス
アガベ栽培の基本

アガベの栽培管理は多肉植物の中でも難しいものではない。
しかし、株を絞りながらじっくり生長させるためには
アガベの性質を知る必要がある。

1 | 生長サイクル

すべての品種が夏型で、高温期に生長する。
生長が遅いために、日照の不足した環境下では、葉が徒長したりする場合がある。耐陰性がなく日照を好むので、室内での長期間管理は難しい。

2 | 栽培環境

多くの原種や原種系品種、園芸交配種があるが、共通して乾燥や高温には強い。
しかし、鉢内の蒸れで根を傷めることがあるので、水やりは慎重に。プランターや地植えで屋外管理し、冬季0度前後で越冬できる種も多くある。これは種の問題だけではなく、株の大きさ、根の張りなどの諸条件もあり、断定的な情報はない。

培養土

培養土は、管理者が水やりを頻繁にする場合は「水はけのよい土（有機物が少ない）」、逆に「水もちがよい土（有機物が多め）」は、水やりの間隔を空け、蒸れに注意する。
株が小さいものは、小粒の赤玉土主体で、株が大きいものほど、粒も大きいほうが「水はけ」はよくなる。

3 | 植えつけ

未発根株

輸入物の抜き苗（主根がない）や株を切り離したものなど、切り口が完全に乾いているか確認することがポイント。気温の低い冬季の植えつけは、根の生長も弱いので、春の気温が上がる時期までそのまま植えつけずに管理したほうがよい。

植えかえ

根が鉢底から出てきたり、鉢の水抜けが悪くなったりした場合は、植えかえが必要。

4 | 置き場

日照

日中は、直射日光が当たる場所か、明るい軒下で管理。雨がかからない場所がよい。
室内管理をする場合は、日照不足をLEDライトで補うこともできる。アガベの葉は、中心の生長点の周りの葉が光合成をしている。照明を近づけると葉やけの可能性もあるので、LEDは30cm以上離すこと。

風

密閉した室内などで長期間管理することは避け、風が通る明るい場所がよい。

温度

葉が硬質なものは、温度変化にも強い。盛夏の時期、室内管理の鉢にクーラーの風が当たっていると、生育を妨げる要因となる。
冬季の管理は、最低温度を5度くらいに考えるとよい。種によっては、屋外管理できるものもある。

5 | 水やり

ほぼ降雨量が計測されないような地域でも自生している植物だが、それは朝の霧や夜露の水分を吸収したり、地中深く主根を伸ばして生きているのだ。
小さな鉢栽培の場合、水をやりすぎることで「徒長」の要因になることもある。
株を、早く大きく育てたいなら、水はけのよい土で適時水やり、コンパクトに育てたい場合は、日光に当てつつも水やりを控えながら育てることだろう。
大型の10号鉢と小型の3号鉢では、水やりの間隔も変わる。水は鉢底から流れるくらい十分に与える。その後、鉢の中の水分が抜けるのは10号鉢なら1〜2週間、3号鉢なら、5〜10日だろう（季節によって差がある）。鉢内が乾いてから、7〜10日以内で、次の水やりをするサイクルだ。
水の中の水分量は、表面の土の乾き具合や、鉢の重さで測る。確信がもてない場合は、乾いた鉢の重さを量って、水やり後の重さとの数値を具体的に知ることもよいだろう。

6 ふやし方

アガベには「タテ割り」や「芯えぐり」などのふやし方もあるが、子株をとることが一般的。品種によって、子株をつけやすいものと、そうでないものがある。
株の脇から出る「子株」、株の根元近くから長く伸びるランナーなどがあるが、株分けして育てることができる。

7 肥料

生長も遅く、花や実をつけることが少ないため、肥料分を多く必要としない。
株の生長を進めたいなら、春先には配合肥料を株元に置くとよい。
肥料過多は、これも徒長の要因となるので注意。

8 夏越し、冬越し

夏越し
春まで室内管理していた株を急に直射日光に当てると「葉やけ」を起こす。春の紫外線は強く、数時間で葉が白くなり、その後は腐ってしまう（左写真）
半日陰で1~2週間慣らしてから、ひなたに出すようにするとよい。
気温が上がって、生長点の色が鮮やかになり、新しい葉が展開する。この時期には、しっかり水がきれないようにするが、梅雨の高温多湿の時期に水をやりすぎたり、鉢の中が蒸れたりすると、根腐れの原因となるので注意。

冬越し
冬季の断水は、環境によって判断が異なる。加温温室や暖房設備がある室内管理の場合、細かな根が枯れないように、月に1回くらいの水やりが必要。低めの温度で越冬させる場合は、水やりをすると根が傷むので、完全断水する場合もある。しかし、完全断水したことで根が傷むため、再発根を意識した管理が必要。

病気
アガベには、特有の病気はほぼないが、葉先が茶色く枯れる「炭疽病」が厄介だ。カビ菌の一種が原因で、梅雨時期までの低温期に活動する。感染の可能性もあるため、患部を切り取り、殺菌剤で消毒する必要がある。

害虫
輸入株や温室で管理していた株に「カイガラムシ」が潜んでいることがある。葉の隙間や、生長点の若葉などに1~2mmの白い綿状の虫がつく。ロウ物質で覆われているため、薬剤での退治の難しい害虫なので、綿棒などでかき出すのが確実。

葉やけ 直射日光を好むアガベだが、冬季に室内管理していたものを春先の強い日差しに直接当てると、半日もたたずに白化し、その後に茶色く枯れる。いったん葉やけした部分の復活はできないので、生長点の再生を期待する。

アガベ栽培カレンダー

	1	2	3	4	5	6	7	8	9	10	11	12 (月)
生長サイクル	休眠					生育						生育緩慢
					子株がつく							
置き場				日当たりがよく風通しのよい雨よけのある屋外								
										耐寒性は種により違う。霜よけのある屋外から室内		
水やり	1カ月に1回軽く（冬季の水やりはほぼ不要）			用土が完全に乾いてからたっぷり			用土が乾いて4~5日後にたっぷり			用土が完全に乾いてからたっぷり		
				盛夏の水やりは、夜か早朝に。日中は鉢内の温度が高く、根が蒸れやすくなる。			水が多いと生育は早く、株も開きやすくなる。品種によっては、水やりを控えめにして、株姿を締める管理法もある。					
肥料	元肥のみ追肥なし											
作業				植えかえ、株分け、タネまき、仕立て直し						植えかえ、株分け、タネまき、仕立て直し		

アガベ
植えかえ

協力 Ronjin Botanical GALLERY

- ●**株元にある、かさかさの繊維になった古い葉は取り除く。**
  水を含んで腐ったりすると株に悪影響。
- ●**主茎から出ている根は、枯れて細くなったものなど、半分くらいに間引く。**
  この根が再生するわけではないが、植えつけたあとに、株のバランスをとるために必要。新たな根は、葉と主根の間から出る。

品種名：A. titanota black & blue
鉢の管理状態：鉢植えにして1年3カ月管理。

1　鉢の中に根が回っていると、排水性、保水性が落ち、新たな根が伸びるスペースがなくなる。根詰まり、根腐れの原因にもなる。

2　根を傷めないように、培養土を落としていく。枯れた根も取り除く。

3　株のサイズに合わせて、株の直径より一回り大きい鉢を選ぶ。鉢底の穴はできるだけ水はけのよいものを。

4　鉢底には、軽石や大粒の赤玉土を敷く。通気性、保水性もよく、強い根が張るアガベにとってもよい。

5 一般的な多肉植物用の培養土で問題はない。写真は小粒の赤玉土、小粒の鹿沼土、パーライト、バーミキュライト、少量のくん炭、少量の完熟腐葉土を合わせた用土。

6 培養土の中にマグァンプKなど「緩効性の配合肥料」を小さじ1杯ほど、元肥として入れる。

7 株元の高さを「割り箸」を渡して調整する。アガベの株姿は、鉢のサイズによって表情が変わるので、この高さは微調整の必要がある。

8 株の脇から、培養土を少しずつ入れる。根の隙間に流し込む感じ。

9 木べらなどを使って、培養土を根の隙間におさめていく。根を傷めないように、慎重に差し込んで動かす。鉢の側面を拳でたたくことで、底に残った隙間にも培養土を入れることができる。

完成

植えかえ完成、根が植えかえ時のダメージを負っているので、そのまま7～10日ほどある程度遮光された場所で管理してから水を与える。
たっぷり水を流して、培養土の「みじん（用土や有機質の極細粒）」を流すとよい。

叢 unreality

小田康平が創る植物の結界

reality

そこは東京、京王井の頭線駅新代田の改札口から、前にある環七を渡る。喧騒な大通りを背にして、閑静な住宅地の路地は左に右に、これぞタクシーも嫌がる世田谷地獄の入り口のような場所だ。

その奥に小田は「Qusamura Tokyo」を構えた。

「ここまでの道程が、特別な時間を生むのです」

サボテンや観葉植物を扱い、広島市西区三篠北町に店はあるものの、全国各地の有名ブランドの空間で個性的な植物イベントをやってきた。その数が年間50カ所を超える年もあったという。ファッションブランドの先鋭的空間に、小田の仕立てた植物は、インパクトのある奇異なアートにも見えていたかもしれない。それこそをクリエーターたちはこぞって歓迎した。

ここ数年、東京への出店を模索していた小田は言う。原宿や表参道、南青山のような洗練された街に店を作るより、この代田のような、なぜここに?というエリアで店を出すことでのギャップを楽しみたい。この場所まで、足を運んでもらうことに意味があるんです。

路地の奥に20坪ほどの前庭があり、60年ほど前の鉄筋コンクリートの古い建物。その一階が店舗だ。店舗というよりもアートギャラリーにしか見えない空間。しかし、小田ははっきりと、それを否定する。

僕は植物屋、ここに置かれた植物も「アートではない」。

限りなく照度の高い白と、昭和の空気を含んだ建材建具が1本の線を界に対峙している。ここが小田の言うギャップ、現実と非現実の空間。

このギャップがあればあるほど人はそれを超えたとき、「感度が上がるのです」。

その空間には、起立する台座にありながら浮き立つように溶々と古株が並んでいる。胴切りされ新しい生長点から美しい子株を生み出した般若や、肌がえぐれたまま育った白瑞鳳玉など、わずか20点ほどの数だ。この場所まで足を運んでいたことで、この時間を特別なものに感じていただきたい。

出合う植物は、作品ではなく紛れもなく「生き物」。道端の街路樹などありふれた風景の中に、植物たちの「魅了される姿」を、いつも発見してしまうのだと、小田は言う。自分は植物屋なので、その「姿を切り取る術」があるだけ。彼が巧みに切り取った姿が、この非現実の空間の中に蹲っているわけだ。サボテン、多肉植物類は、過酷すぎる環境の中で刺を纏い、襞を深くして身を守ってきた。数万年の時を超えて、世代交代しながらその奇異な表情をつくり、黙して語らない厄介な性質も内包している。そんな拗れてしまった姿を、植物屋として来客に語る。客の感度と意識は、その空間の中で徐々に昇揚していくわけだ。

小田の説くギャップは、利休の仕立てる「結界」なのだろう。現実と非現実、通俗と超俗の狭間にあるのは、まさに生きた人と植物、それこそが現実そのものだというレトリックなのかもしれない。だが、そこに小田の美意識が浮き彫りになっていることは、誰もが見て取ることができる。

植物と人との関わり、情報も物にも、「距離を意識しない時代」。誰もが指先で情報をもてあそび、暮らしの中の意識と価値観は日々変化を止めない。迷走しているかもしれない。多くの客が、この距離を体現するために、世田谷代田の結界へと足を運ぶことだろう。

記憶の中の植物たち

これまでに小田康平が出合った、個性豊かな植物を紹介する。
それらすべてが、これまでのサボテン業界の価値観からはみ出した姿であることは容易に理解できる。
うねるように綴化(てっか)し、下部も木化しているため、生長点にはギラギラとした怪獣のような生気がある。自然の造形美というコトバでは簡単に語れない、長い時間とねじけた物語を内包している姿。
記憶に残る生気そのものだ。

Astrophytum myriostigma v. *nudum* f.
碧方錦(へきほうにしき)

深い紫の肌に鮮やかなオレンジの閃光のような斑が入る個体。絶妙な気温と太陽光線と灌水のバランスで見事に色づいた。宝石のような美しさを秘めている。

Gymnocalycium pflanzii v. *albipurpa* f. crist.
天紫丸綴化(てんしまるてっか)

接ぎ穂をとるために幾度となくもがれた親木。古木化した下部からは健気にも新しい紫色の綴化した表情が顔を出す。

Echinocactus grusonii f. monst. *spiralis*
螺旋金鯱モンストローサ(らせんきんしゃち)

生長点異常により巻き込まれた刺や、裂けた肌など、カオス化している。こうなるとこの個体が金鯱かどうかもわからないような風貌。鮮やかな濃緑の肌のおかげで荒くれる角のような金色の刺がより一層際立つ。

Astrophytum myriostigma f.
複稜鸞鳳玉(ふくりゅうらんぽうぎょく)

下部の複隆が激しく隆起した個体。まるで火山と溶岩を思わせる風貌は見ているだけで圧倒される。穏やかな頭頂部とのコントラストがおもしろい。

Myrchillocactus geometorizans f. crist.

こうせいりゅうじんぼくてっか
高性竜神木綴化

通常の竜神木よりも稜の幅が広いタイプ。握り拳のような力強いフォルムとどこがどのように生長していくかわからない予測不能な動きが魅力。

Astrophytum capritorne v. crassispinus

すいぎゅうたいほうぎょく
水牛大鳳玉

接ぎ木された水牛大鳳玉が胴切りされその切断面からたくさんの子株が吹き出したもの。積み木のような積み上がった感じがユニーク。台木の竜神木に書かれた水牛大鳳の文字も味がある。

Ferocactus alamosanus f. monst.

るりまる
瑠璃丸モンストローサ

稜間に複隆が出る瑠璃丸。下部の木化は苔むした岩肌のよう。時間と植物の生命力が作り出した姿には、人の力ではなし得ない底知れぬ力が宿る。

Astrophytum ornatum

はんにゃ
般若

切断面のない単幹がよしとされる通常の価値観とは正反対の個体。胴切りされた後、2つの子株が育ち生長した。生きる力強さという意味では、これほど主張のある個体はないのではないだろうか。

Astrophytum myriostigma v. nudum f.

ふくりゅうへきらん
複隆碧鸞

生長の初期段階で双頭となり、その後時間をかけて生長した個体。もつれるような不思議な稜と木化し石のようにも見える下部の肌が骨董品を思わせる。

Astrophytum capricorne v. niveum

はくずいほうぎょく
白瑞鳳玉

下部の表皮が朽ち、芯だけになりながらも生長を続ける個体。古代の崩れかけた遺跡をも彷彿とさせる。よくぞここまで頑張ったなと声をかけてやりたい。

Platycerium
ビカクシダ属（プラティケリウム属）

その複葉は蝙蝠(こうもり)なのか、鹿の角かシダ植物の造形美

　日本ではビカクシダと呼ばれるが、国内の園芸では長く「コウモリラン」とも呼ばれ親しまれてきた。コウモリランは「ラン」の仲間ではなく「シダ」の仲間。ウラボシ科ビカクシダ属の植物で、他の木や岩石などにくっついて生活する"着生植物"。和名の"ビカクシダ"は、"麋角羊歯"と書き、空想上の鹿のような生き物「麋（ビ）」の角に例えたとされる。学名のプラティケリウムとは、その大きな葉の形状が、ギリシャ語の「platys（広い）と keros（角）」とに例えられたもの。

　ビカクシダは、樹木の幹や枝に着生するシダ類。アフリカやマダガスカル、東南アジア、太平洋諸島、オーストラリア、南アメリカの熱帯などに、この属の18種の原種がある。

　その自生地には雨期と乾期があり、雨期には気温も下がる。乾期には降雨のない日も続き、気温もかなり高くなる。地表に近いところではなく、樹上にあるために、より過酷な環境で自生しているともいえる。

　2種類の葉状が特徴的で、ひとつは株元に張りつくように出た「貯水葉（外套葉．裸葉）」。丸い盾形、皿形で、着生した幹に密着して内部に根が発達する。

　多くの種類は、貯水葉の上部が上空に向けて広がっている。地表と異なり、樹上にあるために、根から養分を取り込むことが難しい。そのため、ここに落ち葉や虫、鳥のフンなどを受け止めると考えられている。それらはバクテリアにより分解され、株自体の養分として吸収されていくわけだ。貯水葉は新たな葉に覆われ、褐色に変化し、徐々に腐葉土化。これも、養分となっているようだ。

　もうひとつは、シカの角のような形で、先端に胞子嚢（ほうしのう）群をつける「胞子葉（実葉）」。左右に開くものや垂れ下がるタイプがある。株が充実すると、胞子葉は鹿角状に深裂して、葉の裏面は毛を密生させ、葉先から胞子嚢をつける。生育する環境にもよるが、胞子葉は数カ月～2年程度で黄色く変色し、やがて葉のつけ根から抜け落ちる。

　近年では東南アジアのタイを中心に多くの交配種が作られ、国内での生産も盛んになっている。

Southeast Asia & Oceania 91
Africa & Madagascar 98
South America 102

ビカクシダの原種は世界に18種

原産地は、東南アジア・オセアニア・アフリカ・南米など、世界の熱帯地方に広く分布している。

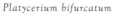

Platycerium bifurcatum
ビフルカツム

名前は「分岐」または「フォーク」の意味をもつ「bifurucate」に由来する。オーストラリアの南回帰線周辺に分布。ビカクシダの中で最も育てやすい種であり、入門種に最適。子株もよくできるのでふやしやすい。群生させる場合は、適宜子株を取り除いてもよい。分布域の多くは熱帯ではないため耐寒性が高く、健全に育った株であれば軽い霜に当たっても枯れない。霜の降りない地域では、通年の屋外栽培が可能。初心者に最も多い失敗のひとつは、水の与えすぎによる根腐れ。水ごけなどの着生材の下側が乾いてきてから水を与えたほうがよい。また、休暇などで長期の留守にする際の水ぎれも大きな失敗の原因のひとつ。夏季であれば、たっぷりと水やりをしたあとに室内に取り込み、直射日光が当たらない場所に置いておくとよいだろう。着生させて数年たつと、貯水葉が積み重なって生長点が前にせり出してくる。その結果、着生材からはがれてしまうことがあるので、数年ごとにつけ直したほうがよい。

Platycerium coronarium
コロナリウム

タイ、ベトナム、ボルネオ、マレー半島、ミャンマー、フィリピン、シンガポール、リアウ諸島、ジャワなどの、標高1mから500mまでに自生。スマトラでは標高が高い、薄暗い湿地でもよく見られ、強い光がなくても育つ。葉が厚く、植物体内に水分を多くもつため、水を与えすぎると腐りやすい。一度活着してしまえば比較的丈夫で扱いやすく、根を乾かしていれば低温にも耐える。ただし、霜に耐えられるほどの耐寒性はないので、冬季は室内に取り込むなどの対策が必要。胞子葉（実葉）は非常に長く育ち、2mに及ぶこともある。胞子は、スプーン状の胞子嚢につく。種名の由来は王冠で、成熟した貯水葉の固まりの形を表している。貯水葉は上部の縁に沿って裂けていて、ほかのビカクシダの品種に比べると分厚くコルク質になっており、明るい緑色でロウ状物質がある。新芽は、すでにある生長点と同じ高さで横に伸びていくため、自生地で木の幹に着生しているものは、同じ高さでぐるりと木を取り囲むように群生する。鉢栽培だと、この新芽が外に出てきにくいため、子株を作るなら着生させたほうがよい。

Southeast Asia & Oceania
東南アジア・オセアニア

Platycerium bifurcatum ssp. willinckii

ウィリンキー

ジャワ、小スンダ列島などに分布。ビフルカツムの一亜種とされているが、独立した種としてとらえる者もいる。貯水葉は幼株のときは丸くて平滑だが、株が成熟するに従って立ち上がり、上部に切れ込みが入るようになる。雨期と乾期がはっきりした地域に自生するので、ある程度の乾燥には耐える。冬は休眠期となるが、ビフルカツムほど低温には強くない。最低でも15度以上の温度を保ち、空中湿度を高く保った環境で水をきり気味に管理する。光には十分に当てるが、夏の昼以降の直射日光は避ける。標準的なビフルカツムに比べると、生育はやや遅い。

Java

Ⓐ

Platycerium wallichii
ワリチー

ミャンマー、インドシナ、マレー半島原産。株が成熟すると、貯水葉、胞子葉ともに平たく広がった先が割れる迫力のある姿が魅力。上に高く伸びた貯水葉は、樹木の落ち葉をためたり、雨水を集める機能をもつ。葉の表面は霧の水滴を集める働きをする星状毛に覆われ、全体に白い。タイではホルタミーと同じ地域に自生している。乾期と雨期がはっきりした気候で、モンスーン気候の森林の中である。

Ⓐ

Platycerium ビカクシダ属（プラティケリウム属）

Platycerium holttumii
ホルタミー

カンボジア、ラオス、ベトナム、マレー半島、タイの標高0〜700mの地域に自生。モンスーン気候の、森の明るい場所で育つので、強い光と高湿度を好む。また、耐寒性はあまりないので、冬季は十分な加温が必要となる。グランデやスペルブム、ワンダエと近い種で、中でもワンダエとよく似ている。根の周りにある貯水葉の縁に、小さな点ができないところがワンダエとの違い。また、ワンダエの貯水葉には小さなフリルができるが、古い貯水葉ではこの特徴は消えてしまうので、新葉が出ないと判別しにくい。新しい芽に薬害が出やすいので、あまり強い殺虫剤は使わないほうがよい。

Platycerium grande
グランデ

フィリピンの野生種で、主にミンダナオ島の標高0〜500mに自生している。以前は同様に巨大になるスペルブムと同種とされていたが、現在はフィリピン産のものをグランデ、オーストラリア産をスペルブムと分類している。胞子葉が出るほど十分に生育すると、グランデの胞子葉は大きな2つの裂片に分かれ、そのどちらにも胞子嚢がつく。一方、スペルブムの胞子葉には裂片はなく、それぞれの葉に大きな胞子嚢がひとつついている。しかし、グランデの最初の胞子葉は裂片に分かれておらず、胞子嚢もひとつだけなので要注意。外見はスペルブムとよく似ているが、グランデのほうが耐寒性は低い。しかし、水を与えすぎると腐りやすいのはどちらも同様だ。

Platycerium ridleyi

リドレイ

スマトラ、マレー半島、ボルネオに分布。上に向かって伸びる胞子葉が人気の種。葉は幅1mにも広がることがあるが、ビカクシダとしては小型種である。胞子葉と書いたが、ビフルカツムなどで胞子を作る前面に大きく伸びる葉には胞子はつかず、コロナリウムと同じく、株が充実するとスプーン状の胞子をつける専用の葉ができる。貯水葉もまた、ビフルカツムのようにシールドが立って水や落ち葉を集めることはなく、根を包む外套葉である。外套葉は根塊をドーム状に包み込み、キャベツのような様相を呈する。外套葉の中にはアリが巣を作ることがあるが、ほかの昆虫も集まってきやすいため、食害を防ぐために定期的な殺虫剤散布をするとよい。自生地では湿度が高い樹林の、上空が開けた樹上の高い位置に着生している。そのため栽培には風通しと日照を確保することが重要。川沿いの木にもよく見られるので湿度も必要になる。耐寒性が低いので、冬は暖かく、空中湿度の高い室内やビニールハウス内で管理する。

Platycerium ピカクシダ属（プラティケリウム属）

Platycerium hillii
ヒリー

オーストラリア原産。ヒリーの自生分布はかなり限られており、すべてが湿った熱帯低地である。育て方はビフルカツムに準ずるが、ヒリーのほうが耐寒性は高い。葉が強光でやけやすいため、ビフルカツムよりも遮光率が高い環境で育てたほうがよい。貯水葉が板などの着生材に沿って平らに広がり、着生材からははみ出しにくく、ビフルカツムほどはがれ落ちない。ただ、水やりがしにくくなることがあるので、板づけの際に給水用のチューブを取りつけておくなどの工夫をするとよい。この種はビフルカツムにとても近く、この2種の中間種は栽培変種としていろいろなタイプが見つかっている。純正のヒリーの胞子葉は幅広で濃い緑色をしており、ほとんど毛がない。貯水葉は上部の縁に沿って丸く、切れ込みや波状のうねりも全くない。板側の背面は平らで、ビフルカツムのように落ち葉をため込む「巣」を形成しない。ヒリーの生育に必要な環境はビフルカツムと同様。

Platycerium superbum

スペルブム

オーストラリア東北部のクイーンズランドの標高0～750mに自生。強健で寿命が長いので、入門種に最適。長年育てていると着生材と芽が離れることで生育が鈍ることがある。その場合は、古い貯水葉を取り除き、着生させ直すとよい。常に湿った状態だと根が傷むので、着生の際に使う水ごけは少量にする。子株はできないが、胞子でふやすことができる。

スペルブムはさまざまな光量でもよく育つが、光量が多すぎると胞子葉が葉やけするので注意。水をきっていれば、短期間なら氷点下を多少下回っても耐えることができる。肥料を好むので、有機質の固形肥料などを貯水葉の間に挟んで施す。オーストラリアでは、スペルブムの貯水葉の中に野菜くずを入れることがよくある。特にバナナの皮を与えると生育がよくなるといわれている。貯水葉が更新されなくなると、やがて株の勢いがなくなって最終的に枯れてしまうことがある。根を整理して仕立て直すと、勢いを取り戻すことができる。胞子もよくとれるので、胞子をとってまいてみたい初心者向きの種ともいえる。ちゃんと仕立て直しをすればスペルブムは寿命が長く、おすすめの種といえる。

Platycerium wandae

ワンダエ

ニューギニア原産。P.wilhelminae-reginaeと呼ばれる種も、このワンダエと同じものを指している。ワリチー、スペルブム、グランデ、ホルタミーと並ぶ、5大ビカクシダのひとつ。大きく育ったものは、貯水葉は幅1.5mにも及ぶ巨大種である。胞子葉はホルタミーと似て大小2種類が生じ、小さいものは上に向かって伸びる。高温を好むので、冬でも15度以上を保つ。水をきり気味の管理をしていれば、短時間であれば低温にも耐えるが、5度を下回ると生育障害が起きると考えておいたほうがよい。通風のよい環境を好むので、室内に取り込んだ際はサーキュレーターなどで風を送るとよい。春から秋の生育期は、遮光率50%の環境に置いて管理する。

Platycerium ビカクシダ属（プラティケリウム属）

Platycerium bifurcatum ssp. veitchii
ベイチー

オーストラリア原産のビカクシダで、東部に分布する。ベイチーの大きな魅力のひとつは、葉の表面には星状毛と呼ばれる羽毛状の器官で全体が真っ白になる胞子葉だろう。胞子は胞子葉の先端につく。過剰な水やりは生育を遅らせ、貯水葉や根茎を腐りやすくする。わずかな水ごけの量で板づけすると、水のやりすぎを防ぐことができる。子吹きがとてもよいので、ふやすのはとても簡単。肥料を好むので、有機質の固形肥料などを貯水葉の間に挟んで施す。乾かし気味に管理すると寒さにもよく耐える。

Africa & Madagascar
アフリカ・マダガスカル

広葉タイプ

細葉タイプ

Platycerium madagascariense

マダガスカリエンセ

マダガスカルの標高300〜700mの高湿度の樹林に自生。栽培には高い湿度の環境が必要となる。しかし、過度の高温には弱いため、風通しの悪い温室では夏に株を失うことになる。夏季に屋外で栽培するのであれば、風通しのよい場所につるしながら60％以上の遮光をし、葉水をかけて気化熱を奪うことで株の温度を下げる工夫が必要となる。夏季は冷房を効かせた高湿度の室内に置き、LEDなどの人工光で栽培する人もいる。ビカクシダ属の多くでは雨水や枯れ葉をためる役目を果たす貯水葉となる部分は、ドーム型になって根を覆い、水や養分を集める働きをしない。その代わりに、根の周りにはアリが共生し、フンなどを栄養分として得ているようだ。アリと共生する植物によく見られるように、マダガスカリエンセも非常に多く虫が集まる。虫やナメクジの食害を受けることも多いが薬害は出にくいので、定期的に薬剤を散布してもよい。

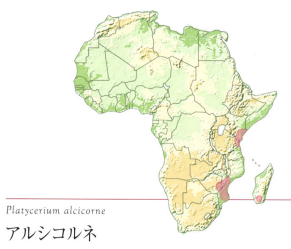

Platycerium alcicorne

アルシコルネ

アフリカ大陸東部、マダガスカル、レユニオン島、モーリシャス島などに分布するが、流通する株の多くはアフリカ産とマダガスカル産。アフリカ産の葉は黄緑色で、葉にほとんど毛がなくツヤがある。貯水葉は枯れるときには濃い茶色に変わる。マダガスカル産のほうが葉の色が濃く、たくさんの毛がある。アフリカ産とマダガスカル産のこの種の大半は、季節の移り変わりの影響を受けながら生育するので、熱帯ではないところに分布している。夏の終わりには貯水葉は枯れ、秋から冬になると濃い茶色になる。冬の間は休眠するので、この期間は水やりと施肥は控えたほうがよい。アフリカ産はマダガスカル産よりも乾燥に弱いが、代わりに簡単にふえ、群生しやすい。アルシコルネについてはどう分類すべきかはいまだに議論が続いており、市場ではビフルカツムと混同されて流通していることも多い。

Platycerium ビカクシダ属（プラティケリウム属）

Platycerium elephantotis

エレファントティス

中央アフリカの海岸沿いの地域の標高200〜1500mの高地に分布。森や森の中の草原で生育する。分布的に近いのはステマリアだが、乾燥した環境で自生する。葉が幅広で、分岐しない独特のフォルムが魅力。その形と大きさから、Elephant Ear Staghorn Fern（象耳ビカクシダ）と呼ばれることもある。熱帯の光と高温、そして乾期がある環境で自生しているので、冬の間はしっかり水をきる。多湿で明るさが足りない環境だとすぐに株は腐ってしまうので注意。冬は室内で冬越しをさせるが、このときはしっかりと水をきる。明るく、暖かいところで腐らないようにするとよく生育し、子株も出やすい。ただし、株分けは子株が大きくなってから行うほうがよい。株分けをすると切ったところから腐りやすいので、切り分けたところを殺菌剤などで消毒しておくのを忘れずに。

Platycerium ellisii

エリシー

マダガスカルの温暖で湿度が高い地域のマングローブの木陰などに生える。自生地はマダガスカリエンセ、アルシコルネなども自生している。アルシコルネと近縁だが、エリシーは葉が幅広で、先端が2つに分かれている。春から初夏にかけて貯水葉を、晩夏から秋にかけて胞子葉を伸ばす。胞子葉は水分の損失を防ぐロウ状の物質に覆われ、つやつやとしている。貯水葉が薄く、多くの水を蓄えられないので、貯水葉の間に水ごけを入れるなどすると生育がよくなる。子株ができない場合は、切り戻すと子吹きがよい。板づけがおすすめ。着生させる場合も、着生材との間に水ごけを挟むだけではなく、ほかの種に比べて広いスペースがある貯水葉同士の間にも、たっぷりの水ごけを詰めておくとよい。着生させ直すと新しい芽が吹き、それに伴い根も動きだすが、こうしておくと、根は着生材のほうだけではなく、貯水葉の間にも伸びていくことができる。

Ⓐ

Platycerium quadridichotomum

クアドリディコトマム

マダガスカルの森林に自生するが、樹木ではなく石灰岩に着生していることが多い。種小名は胞子葉が4つに分かれることが多いことに由来する。ビカクシダの中でも最も珍しく、あまり栽培法が確立されていないもののひとつ。マダガスカル産のビカクシダ4種の中で、唯一、島の西側の乾燥地域に生息する。この地域は乾期が実に6カ月続くエリアだが、湿度の高い渓谷が点在しているエリアでもある。自生地の乾期は冬に訪れる。栽培するうえでは低温期に完全に断水まではせず、乾かし気味に管理。冬季も、あまり寒い環境に置かないほうが成績はよいようだ。乾燥した時期を迎えると貯水葉は枯れ、胞子葉は縦にクルクルと巻いてしまう。これは、表面積を減らし、体内の水分をできるだけ失わないようにするためと考えられている。小型だが、ユニークなビカクシダといえる。

Platycerium stemaria

ステマリア

熱帯アフリカの中部や東部、アフリカ西海岸沿いの島々の標高0～1000mの地域に分布。貯水葉は背が高く、幅広で、先端が波打っている。厚みがなく、葉と葉の隙間が大きいので落ち葉などがたまりやすい構造になっている。ステマリアはエレファントティスと自生地域が重なっているが、ステマリアのほうがエレファントティスよりも湿ったところに生えていることが多い。樹上の日陰になる場所に多く見られるが、ある程度の光の強さは必要だ。少ない光量で、根の周りが常に湿ったままの環境で管理すると、みずみずしい深緑色の胞子葉と背が高い貯水葉ができる。大変見栄えのよい株ができあがるが、このような環境では胞子葉は成熟しない。遮光率50％程度の明るさで、水ごけがある程度乾いてから水を与えるとよい。水やりが適切であれば、子株も吹きやすくなる。大きな胞子葉は風で傷みやすいので、風が抜けない場所で管理したほうがよい。

South America
南アメリカ

Platycerium andinum
アンディナム

南アメリカ原産の唯一のビカクシダ。ペルーとボリビアにまたがるアンデス山脈の東斜面側、標高300m地帯に分布するとされ、種小名はアンデス山脈にちなむ。個体差が大きく、育ちやすさや温度に対する感受性に違いがあるケースが少なくないため、個体の性質を見極めながら育てる必要がある。自生地では胞子葉が2m以上になるが、栽培下ではそこまで伸びることはまれ。胞子葉は初夏から出始めるが、貯水葉は生育期の後半になってから出る。個体差が大きく、同じ個体からとった胞子であっても、生育の速度が大きく異なる。子吹きのよしあしにも個体差があり、子株の生育にも差が出ることがある。いずれの個体であっても、水やりをしたら、根の周りがしっかり乾くのを待ってから次の水やりをしたほうがよい。根の周りが常に湿っていると、根腐れの原因になるので要注意。小株のほうが根腐れを起こしやすいので、そこそこ大きくなった株から始めたほうが無難。

Ⓐ

Platycerium ビカクシダ属（プラティケリウム属）

選抜品種と交配種

ビカクシダは、胞子培養から多くの変種が生まれ、そこから選抜された個体に「商品名」がつき流通している。個体の特徴定義は、あくまでも生産者（交配者）の基準。

P.veitchii cv. Auburn river
アーバンリバー

P.willinckii cv. celso tatsuta
ウィリンキーセルソタツタ

P.veitchii 'Lemoinei'
レモイネイ

P.willinckii
ウィリンキー胞子培養株

P.foongsiqi
フーンシキ胞子培養株

ビカクシダ
鉢植え株の株分け

協力 ajianjijii

ホームセンターや花屋で多く流通しているのは、鉢植えのビフルカツムやアルシコルネなどの比較的強健な品種が多い。鉢にいくつかの幼株を入れて、1〜2年以上栽培しているので、株は複数育っていて、根張りも限界の状態。

1. プラ鉢から根株を抜き出すが、貯水葉などを傷めないように注意して抜く。素焼き鉢の場合は、根が陶器面に密着している場合もある。薄いヘラなどで鉢の内側からはがす必要があるかもしれない。

2. 鉢の中の根は密集しているため、カットするときには、子株にはしっかり根をつけてやるほうがよい。

3. 大小の株があるので、個々に切り分ける。板づけなどにする場合は、基本的に1株。複数の株を群生させると、貯水葉をきれいに伸ばすことができない。

株の板づけ

ビカクシダの自然で美しい姿を楽しむためには、生長点が横向きになり、胞子葉が水平に育つ必要がある。板はどんなものでもよいが、旧来から珍重されてきたヘゴ板は、水の抜けが早いので初心者向きではない。鉢栽培のビカクシダは、葉の生長が上下のない不自然な重力にあり、植物にとってストレスがあると考えられる。

1. 株の上下（天地）を確認する。どのビカクシダも、古い胞子葉の次の新芽は、株の上方にできる。新芽の側を上にして板にセットする。根が張って、板に直接活着するので、根が伸びやすいように接地面に水ごけを敷いて整えてやる。

2. 水ごけで表面を覆う。根株を乾燥から守り、その中にも根は張っていく。

3. 株を糸で固定する前に、仮どめしてやると、作業が楽になる。株を巻く糸は「ニット用ミシン糸」が便利。収縮するので株がゆるまず、しっかりとめることができる。ナイロンテグスのように光らないので目立たず、万一切れてもゆるむことは少ない。

4. 株の生長点を傷めないように、株に糸を×にタスキ掛けにしていく。

5. 板づけが完成したら、しっかりと水を与える。根は、それまでよりも小さくなっているので、根が生長するまでは株元の水ごけを乾かさないよう、水やりに注意する。

マダガスカリエンセ
子株とり＋板づけ

協力 ajianjijii

この種も生長し環境が整うと、子株を頻繁につける。丸い貯水葉の周りに子株をつけるが、10cmほどになったら、独立した板づけにすることができる。

1 子株の根の部分を水ごけとともにカット。子株にはなるべく多くの根がつくよう、深めにハサミを入れる。板面にも根が張っているため、薄いヘラを使って切り離す。

2 子株の根をつかんで、葉を傷めないように、慎重に取り出す。

3 子株を切りはずした親株は、貯水葉の下に隙間ができている。水ごけを割り箸などを使って詰め込んで、形を修復する。

4 中心の生長点を確認し、新芽が上に向くよう位置を確認する。

5 用意した板面に水ごけを敷く。この種は水ぎれにとても弱いので、根の少ない子株には厚めの水ごけが必要。

6 ビニールひもは、平たくしてから巻くのがコツ。平たいテープ状のものは、品質が硬めのために葉を傷めることがあるので注意。

7 ×に巻いてから、新しい貯水葉を上に出してセット。左右の水ごけがあふれないように、サイドはひもの幅を利用して固定する。

8 仕上がりは、裏側がすっきりと見えるように巻くのが、ajianjijii流のこだわり。

9 板づけが完成したら、しっかりと水を与える。根が小さくなっているので、株元の水ごけを乾かさないよう、水やりに十分注意する。

ビカクシダ
株の枝づけ

協力 DriftWood & SmokeyWood

ビカクシダの野性味のある姿を楽しむためには、枝につけるスタイルもある。
板づけや枝についていた姿を生かして、コルクの枝に巻きつけた。

1 株の上下（天地）を確認する。胞子葉の新芽を上にして最終的な角度を考えセットする。

2 枝につけて、位置や根の形状を確認する。貯水葉の内側に根が張るので、枯れた根は取り除き整理。

3 枝につける位置を確認し、左右を結束バンドで固定する。

4 余分な貯水葉の枯れた部分をカットする。

5 枝と根の隙間に、しっかりと水分を含んだ水ごけを慎重に詰める。根株を乾燥から守り、その中にも根は張っていくので、隙間のないように。
必要なら収縮する「ニット用ミシン糸」で水ごけをとめる。

完成 枝づけが完成したら、しっかりと水を与える。根が生長するまでは株元の水ごけを乾かさないよう、水やりに注意する。

プロからの多面的アドバイス
ビカクシダ栽培の基本

大きな株は、太いコルク板や平らな板材に密着させて栽培する。小型の苗は、観葉植物として鉢植えで流通しているが、よく流通しているのは、インドネシア、太平洋諸島、オーストラリア原産のビフルカツム。マダガスカリエンセは、マダガスカル原産で自生地も違う。デリケートで栽培が難しいといわれているが、基本的な栽培知識をもっていれば日本の住宅環境でも大きくすることができる。ビカクシダの中では強健なビフルカツムとマダガスカリエンセの管理のポイントを解説していく。

1 生長サイクルと栽培環境

ビカクシダは室内向きの観葉植物だという考えが広まっているが、株の健全な生長を考えると、通年を室内で管理することは難しい。
樹上にあるビカクシダは、雨期の高温多湿の時期に生長し、乾期の低温の時期には生長をやめてしまう。
日本では、春から秋までは生長し、冬に休眠するタイプが多いが、真夏の高温期にも、生長をやめてしまうものもある。
栽培環境と個体差があるため、生長のサイクルを種ごとに特定することは難しい。

2 置き場

日本の春から夏にかけて、生長を始める品種が多いが、この時期には、しっかりとベランダなどの明るい半日陰の場所で管理する。真夏も半日陰の場所が好ましい。
室内に置く場合は、なるべく明るい窓辺に近い場所、エアコンの温風や冷風が直接当たると、葉を傷める原因になるので注意すること。

3 水やりと根の関係

貯水葉に隠れて、根を見ることはできないが、根の状況が生育を左右する。種によって、乾燥に強いか否かは、根の強さに関係があるようだ。
マダガスカリエンセの根は、他の種に比べ乾燥に弱いかもしれない。株のサイズも一般的には20cmほどなので、株の保水力も少なく、頻繁な水やりが必要だ。この種は、一度根が乾ききってしまうと、復活することが難しい。他の種に比べても根が弱いことで、栽培が難しいとされていると思われる。
どの品種も、根を巻いている「水ごけ」の表面を完全に乾かしてしまわないこと、といっても常にビショビショにぬれていては、根が呼吸できなくなり根腐れの原因。程よい状況を維持することが、通年の水やり管理となる。
大きな株は表面が乾いてきても、中心まで乾燥することはない。小さな株で水やりを怠り、水ごけがカラカラになったら、水を張ったバケツなどに、株全体を浸して、中心まで湿らすこと。完全に乾燥した水ごけは、空気の層ができて、水分が入りづらくなっている。
気温が高いときは、スプレーなどで葉水をするのも有効。

4 肥料

樹上に着生し、貯水葉の中にある枯れた自身の葉や根を分解しつつ、微量な栄養分で生き続けている。ほぼ無肥料で栽培することも可能だが、生長期には、規定量以下に薄めた液肥を与えてもよいかもしれない。

冬越し
ビフルカツムは、耐寒性があるため5度くらいまでは問題がない。屋外での管理も可能。
株は休眠しているので、無加温の温室などの場合は、水やりは控えめにし（完全に乾かすのは危険）根腐れを防ぐ。
マダガスカリエンセは、最低温度10度以上の室内で管理。冬場の室内は乾燥するので、株全体を大きめのビニール袋で覆って、根が乾ききらないように加湿をするとよい。

害虫
大きな株には、コバエやアリなどがつく場合がある。
近年、東南アジアからの輸入株も多く流通している。葉のつけ根などに「ハダニ」が寄生していることもあるので、市販の殺虫剤を使用する。
スミチオンなどの溶液をバケツなどに作り、株全体を浸すと効果的。作業は、必ず屋外で行うこと。

病気
葉の元気がなくなったり、貯水葉に傷みが出たときには、根が弱っていると考えられる。

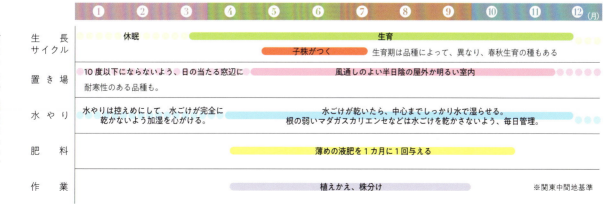

ビカクシダ栽培カレンダー

	1	2	3	4	5	6	7	8	9	10	11	12 (月)
生長サイクル	休眠						生育					生育期は品種によって、異なり、春秋生育の種もある。子株がつく
置き場	10度以下にならないよう、日の当たる窓辺に耐寒性のある品種も。				風通しのよい半日陰の屋外か明るい室内							
水やり	水やりは控えめにして、水ごけが完全に乾かないよう加湿を心がける。				水ごけが乾いたら、中心までしっかり水で湿らせる。根の弱いマダガスカリエンセなどは水ごけを乾かさないよう、毎日管理。							
肥料				薄めの液肥を1カ月に1回与える								
作業			植えかえ、株分け									

※関東中間地基準

胞子栽培

協力 moonrabbit

ビカクシダはシダ植物、葉の裏にできる胞子を空中にまいて繁殖します。これは、生長した胞子葉の裏側を観察していると、なんとなく理解できます。

種子を作り子孫をふやすものは「種子植物」。種子を作らないものは、コケ植物とシダ植物です。

シダは、種子植物と同じように葉、茎、根、維管束がありますが、コケには葉、茎、根、維管束がなく、原始的な植物です。

ではシダやコケが、どのように繁殖するのか、簡単な方法で観察してみました。

とはいえ、シダの胞子から数センチメートルの生体に生長するまでは2年近い期間が必要です。自然界で無数の胞子を放つビカクシダが、どれほどの子孫を残しているのか想像すると、この植物の魅力が一層深いものになります。

1
胞子葉についた胞子パッチから回収した胞子を、しっかり湿度のある「タネまき土ポット（熱湯で戻したジフィーセブン）」の上にまいてみた。ビンの中は、簡単に消毒しておいたが、どこまで意味があるかはわからない。

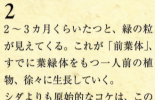

2
2〜3カ月くらいたつと、緑の粒が見えてくる。これが「前葉体」、すでに葉緑体をもつ一人前の植物、徐々に生長していく。
シダよりも原始的なコケは、この前葉体に近い植物。

3
この前葉体が生長すると、その1枚の葉の上から「卵子と精子」を作ることができる。
自然界では、しっかり雨が降ってぬれた状態になると、精造器から精子が流れ出る。
わずか1mmにも満たない距離だが、水に流されてた精子は、他の前葉体の造卵器から出た卵子とも受精するわけだ。
品種の違う前葉体から出た、精子と卵子が受精すると「新たな交配種」も生まれるという仕組みだ。

前葉体の中に、長い葉が見えてきた。これが胞子葉？

4
そして、受精卵から新しいシダ（幼植物体）が生まれる。

5
なんとか胞子葉がしっかり確認できたので、水ごけを入れたプラスチック製の食品保存容器に移植。ビカクシダらしい姿を見るまでには、1年以上かかるようだ。

6
2年くらいたっても、1〜2cmほどのサイズ。温度と湿度を保っていないと、すぐに枯れてしまう。

A to Z Owner's Story

奇妙な植物を扱う植物屋には、こだわりの強い店主と選び抜いた株がそろっている。
植物探し、ショップ探しは、店主の植物遍歴を知ることから。

A

ajianjijii

趣味で始めたヘゴなどのシダ栽培がきっかけで、ビカクシダ蒐集家に出会う。当時国内では珍しかった「マダガスカリエンセ」の栽培に夢中になり、安定して子株をふやせるまでになった。まだまだ流通は限られているが、ヤフオクの「ajianjijii」で販売中。その株は、海外からの仕入れたものではなく、自宅の温室の親株から育てたものだけだ。栽培の相談まで丁寧にフォローしてもらえることも好評。

ajianjijii

C

群馬カクタスクラブ

1955年に発足した国内有数の歴史を誇るサボテン多肉植物愛好会。毎年、展示即売会を4回、県外業者訪問を3回、会員栽培場見学会を2回実施し、年末には県内の温泉地で宿泊親睦会を開催している。日頃より会員同士の交流や情報交換が盛んで、年齢を問わず楽しめる会になっている。いち早くインスタグラムを立ち上げ、活動の様子を発信している。現在会員数63名

https://www.instagram.com/gunmacactus/?hl=en

B

BOTANIZE Shirokane

横町健さんは2012年、塊根植物に出合ってしまったわけだが、その伏線は幼少期にあった。盆栽が趣味の父親に連れられ、園芸店を巡り、タネをまくことも好きだったという。ひとつの品種が気になると、何鉢も際限なく集めてしまうのは父親譲りだとか。世の中の塊根植物ブームの火付け役のように語られるが、まさにこの収集癖が原動力になっているのかもしれない。植物のある風景を演出してきた横町健さんは、これからも目が離せない存在だ。

Ken YOKOMACHI

BOTANIZE Shirokane（ボタナイズ白金）
住所：東京都港区白金5-13-6 ANEAビル3〜4F
電話：03-6277-2033
営業時間：12:00〜19:00（※月曜のみ16:00〜）
定休日：水曜
http://shop.anea.jp

D

花伝

主に多肉植物、バラ、宿根草をメインに植物販売を展開。特に近年人気の多肉植物は年間1000品種ほどの取り扱いがあり、国内外より珍しい品種が入荷する。
また、販売キャリアも長いため、細かな商品説明が可能なことと、生産施設を店舗としているため、植物のコンディションがよいことも大きな強み。
県内はもちろん県外からの来店者も非常に多い。

Takahir KAETSU

花伝（ハナデン）
住所：〒830-1103　福岡県久留米市北野町金島122-7
電話：0942-78-7388
定休日：毎週木曜（祝祭日は営業）
http://hanaden.area9.jp

E

curious plants works

・2013年に植物の魅力に取りつかれ、サンセベリア、ビカクシダ、ランをはじめアデニウム、パキポディウム、ソテツなどいろいろな植物を収集。
・2015年にネットショップをオープン
・2017年に実店舗(sette)をオープン
商品展開は主にアフリカ、アメリカ、メキシコを原産地とする植物たち（Pachypodium, Agave, Aloe, Cactusなど）。
店主がよいと思う株だけを集め販売している。

実店舗：sette（セッテ）
web：curious（キュリオス）
住所：香川県高松市一宮町1628-4-2F
電話：087-899-6805
営業時間：12:00〜18:00（※月曜のみ16:00〜）
定休日：毎週水、木曜日（祝日はオープン）
curiousplantsworks.com

SONAE

Agave ghiesbreghtii

F 内田農園

植物歴20年、
アガベ、ユッカ、ダシリリオン、クサントロエア、ヤシ、ソテツその他レアプランツ専門店。
耐寒性の強い庭づくりに適した植物から、室内で楽しめるコンパクトな品種まで多数販売している。
アガベなどの実生にも力を入れており、販売株も実生苗〜大株まで各サイズある。
年3回(変更もある)開催する展示販売イベント、アガベ食堂では畑で育成した実生株〜輸入株約500株を特別価格にて販売している。

内田農園（ウチダノウエン）
住所：山梨県甲斐市下今井923
電話：0551-30-9377
営業時間：9:00〜18:00
定休日：不定休
インスタグラム #uchidanoen

Takashi UCHIDA

G グランカクタス

サボテン・多肉植物の取り扱い品種は3000種を超える、国内有数の卸売りをするナーセリー。運営する佐藤勉さんは、少年期からサボテン栽培は五十有余年、初心者から趣味家まで、丁寧な解説が好評。

グランカクタス
住所：〒270-1337 千葉県印西市草深天王先1081
電話：0476-47-0151
営業時間：9:00〜17:00
定休日：毎週月、火、水、木曜日
http://www.gran-cactus.com

Tsutomu SATO

H 大正堂

1924年創業の動物用医薬品・農業資材を扱う専門商社だが、2016年ごろから園芸植物と共にビザール系も扱う。店頭を仕切る本間陽介さんには、農業作物管理などから幅広い知識をベースにした「塊根の発根管理」もアドバイスしてもらえる。

大正堂
住所：栃木県那須塩原市南郷屋4-31
電話：0287-46-5266
営業時間：8:30〜18:00
http://taishodou-shop.jp

Yosuke HONMA

I isla del pescado

世界51カ国を巡り、各地のサボテン・多肉植物に触れる。国内では、多肉植物＆コーデックスの栽培情報が乏しかったころから、サイトに自身の所有する品種や栽培情報を公開し塊根植物ファンの手引書になっていることは、広く知られている。

http://isladelpescado.com

J Bloomsbury PLANTS

FUKADA

Bloomsbury PLANTS
（ブルームスベリープランツ）
住所：〒810-0001
福岡県福岡市中央区天神2丁目4-20
天神プラッサ7F
電話：092-781-6452
営業時間：10:00〜19:00
定休日：毎週月曜・第3月火
https://bloomsburyplants.com

趣味から含めて植物栽培歴は約30年。
約10年ほど前にアデニウムというコーデックスに、その後さまざまなビザールプランツにも出合い、現在に至る。
輸入業者や生産者からさまざまな情報やノウハウを得て、2018年9月にネットショップをオープン。同時に美容室Bloomsburyの一角で販売を行っている。
元陶芸家である父親のオリジナルの鉢や人気陶芸作家の鉢へコーデックスやビザールプランツを入れ、独特の世界観を演出している。
取り扱う商品はパキポディウムなどのコーデックスをはじめ、アガベやコピアポアなど希少な植物やビザールプランツ。

K kemuriradio

灌木系塊根植物中心の趣味家で、パキポディウムなどの実生苗や希少種の輸入も手がける。
数は少ないが、コレクションの一部をヤフオクなどオークションサイトへの出品もしている。
植物の個性を大切にし、日記のように綴った説明文は一見の価値あり。

kemuriradio

NAKANOSTORE

6年前ぐらいから多肉植物に魅了され、自分の温室で多くの品種を育ててきた。
そして、なかの商店、そこから2年後にもっと多くの方に多肉植物のおもしろさやすばらしさを伝えたくてNAKANOSTOREをオープンした。
品ぞろえはサボテン＊ユーフォルビア＊塊根植物を中心にドライフラワーを販売している。
ご自身が好きな植物は写真で一緒に撮っているアデニア・バリーというとても珍しい塊根植物。

NAKANOSTORE
ナカノストア
住所：岡山県岡山市北区田町1-3-4 2F
電話：0862-38-2838
営業時間：10：00～19：00
定休日：木曜日
https://nakanostore.stores.jp/

mana's green

吉祥寺駅徒歩1分のところにmana's greenの店舗と、所沢に生産管理をしているmana's farmがある。
塊根植物好きにはたまらないショップ。
お客さまの環境に合った育て方を詳しく説明してくれる。

mana's green
住所：〒180-0003
東京都武蔵野市吉祥寺南町1-1-2
アンドウビルシンコ 5階1号室
電話：0422-26-6027
営業時間：火～金 12：00～19：00
　　　　　土・日 10：00～18：00
定休日：月曜日

芽の巣山

これまで「アガベの山」「オベサの山」「マダガスカル　ハイキング」など、新たな潮流の中心的なショップを主宰するのがカズさんこと、石井和昭さん。
2008年ごろ、高円寺でヘアサロン[studio menos]を始めていたが、店舗の前では雑貨や古着を並べてKIOSK感を演出。学生時代からの植物好きで、店内で個性的な鉢植えを販売することにもなった。これがプランツショップ[芽の巣]の始まりだった。
「たけろうポット」をはじめ陶芸家さんたちとのコラボも、カズさんがつくる空間から力みなく、絶え間なく、新しいものが生まれている。
それは環境に根づいた植物が、枝葉を伸ばす姿に見えてくる。

芽の巣山
住所：〒166-0003
東京都杉並区高円寺南4-24-1
第2下田ビル1F
電話：03-3315-3899
営業時間：平日 13：00～20：00
土日・祝日 11：00～18：00
定休日：火曜日
https://menos.stores.jp

O たにっくん工房

1998年に多肉植物を専門に生産、販売する「たにっくん工房」を立ち上げた。両親が花苗を生産しており、幼いころより、手伝いを通して土作りから交配作業まで経験したことや、その後、タキイ種苗の専門学校にて、本格的に植物のことを学んだことが、今の栽培の土台となっている。一言で多肉植物と言っても、コーデックスやエケベリア、メセンなどその種類は多様で、それぞれの性質をふまえ、日本の気候に合わせた栽培、販売をしている。ネットショップでは、自分で交配した実生苗のほか、海外に直接出向き、導入している植物なども販売しているが、養生発根管理をしているので、安心してお買い求めいただける。数年前より、大好きなユーフォルビアの交配に取り組んでいて、「ミラクルバリダ」と名付けた縞模様が濃くてハッキリしたものを作出。まだ販売量は少ないが、今後ふやしていきたいそうだ。

Shuichi MATSUOKA

たにっくん工房
電話：050-8022-1502
https://tanikkunkoubou.com

Q 叢

2012年、店主小田康平さんは、広島で「叢」を開店。
ありのまま、時を重ねたサボテンの古木の姿を「表現」、世界的ファッションブランドとコラボレーションして注目を集めた。過酷な環境でその生長の痕をとどめるサボテンの姿は、「いい顔してる植物」と小田さんは言う。植物の個性を切り取ることで、この価値観が見えてくると言うのだ。植物への新たなアプローチが、いま広く浸透しつつある。

Kohei ODA

叢 Hiroshima
住所：〒733-0006
広島県広島市西区三篠北町1-34 1F
電話：082-836-7107
FAX：082-836-7107
営業時間：12：00〜19：00
定休日：火曜日

Qusamura Tokyo
住所：〒155-0033
東京都世田谷区代田4-3-12
電話：03-6379-3308
営業時間：13：00〜19：00
定休日：火曜日

P QS PLANT

植栽や植物のレンタルを行う「株式会社クイックシルバー」の業務と並行して2017年3月に多肉植物・コーデックスをメインとしたネットショップをオープン、2018年4月吉祥寺に店舗を構える。
吉祥寺駅から歩いて5分ほど、喧騒から離れた小さなお店の中には普及種、希少種を問わず店主の好みが強く反映された植物が並ぶ。
ゆったりとした空間なので最初の1株からコレクションに加わる1株まで、ゆっくりじっくりと選べる。

OTSUKI

QS PLANT(キューエスプラント)
住所：〒184-0004
東京都武蔵野市吉祥寺本町2-34-15 日加ビル3F
電話：0422-27-2312
営業時間：不定期営業（Instagramに掲載）
http://qsplant.com/

R Ronjin Botanical GALLERY

Shinji MOCHIZUKI

静岡焼津で望月真司さんが扱う、鉱石や希少天然石の店「RONJIN 龍晶」が、アガベを扱うようになって2年。店主のコレクションだったアガベは、瞬く間に愛好家が注目するところとなった。質の高い大株が、常に30鉢ほど並ぶ。

Ronjin Botanical GALLERY
住所：静岡県焼津市駅北2-1-1 リ・エンブル焼津1F
電話：054-625-7220
営業時間：11：00〜19：30
定休日：月曜日

S

サボテンオークション日本

マダガスカルからの塊根植物をいち早く日本へ紹介してきた栗原さん。輸入された株を国内で発根させた上質な「完全発根」の株は、栗原さんがこだわり整った形状のものがそろう。現在では、選抜された美しい国内実生のグラキリウスも生育中。

住所：千葉県四街道市山梨1418
電話：043-432-9069
http://www.togo1.com

Togo KURIHARA

T

石井プランツナーセリー

幼少期から自然と触れることを喜びとし、農業高校時代に植物の道で生きていこうと決めたそうだ。
自身のナーセリーを立ち上げてからは、中南米やアフリカ原産の多肉植物を扱い、植物がもつ本来の美しさや特性を引き出せるような育成を心がけている。
創業10年を迎え、より充実した商品ラインアップを目指しているそうだ。

ISHII PLANTS NURSERY
イベント出店情報は当インスタグラムアカウントで確認。
instagram ID:ishiiplantsnursery

Toshiki ISHII

U

TARGETPLANTS

店主は5年ほど東京のグリーン専門店に勤務後、2010年に大阪にて開業。植物歴は、花卉業界職歴とほぼ同じで16年ほど。年に数回タイで買いつけてくるほか、日本の生産者のものをメインに、育てやすい品種を満遍なくそろえるようにしている。植物ならなんでも好きだが、知識的には室内観葉植物に特化している。

TARGETPLANTS（ターゲットプランツ）
住所：大阪府大阪市北区紅梅町6-21-301号室
電話：06-6354-0203
営業時間：平日13：00-19：00
土日祝日13：00-17：00　定休日：火曜日
http://targetplants.jp/

Kenichi KURAHASHI
Platycerium bifurcatum ssp. veitchii

V

SLAVE OF PLANTS　SLAVE OF PLANTS

2坪の狭小コーデックス路面店

スレイブオブプランツ。小田急線豪徳寺の駅から3分、路地の奥に小さな塊根植物店。オーナーの池上大祐さんの植物キャリアは2年に満たないが、好きなことは本気で仕事にしたいと開業。「僕も初心者なので、入門者向きの品種をそろえています」。手頃な価格帯の植物、アーティストや陶芸家と組んで制作したオリジナルの鉢は好評。

SLAVE OF PLANTS
住所：東京都世田谷区豪徳寺1-45-10 1F
電話：03-6336-3277
営業時間：火曜〜木曜 11：00〜17：00
土曜 12：00〜18：00(CLOSE 日曜、月曜、金曜)

Daisuke IKEGAMI

W

DriftWood & SmokeyWood

Eiichi NOMOTO

DriftWood（爬虫類）、SmokeyWood（植物）、WILDWOOD（イベント）のCEO大阪を中心に植物イベントを定着させた野本栄一さん。SNSではBOSSと呼ばれるほどの存在感だ。ビカクシダの奇異な姿の虜になり「SmokeyWood」を立ち上げ世界のビカクシダを紹介している。

DriftWood & SmokeyWood
住所：東大阪市高井田元町1-10-1-301
電話：090-8882-1574
http://www.baobabu.net
IG driftwood.smokeywood

X

Cultivate STORE

観葉植物から多肉植物までの幅広い知識は、代表大塚隆洋さんが植物問屋に勤務していたキャリアで培ったもの。鴻巣にオープンした「Cultivate STORE」は、庭植え用の大型品種まで取りそろえ、新しい植物とのライフスタイルを提案している。

Cultivate STORE
住所：埼玉県鴻巣市屈巣2266
電話：048-594-9871
営業時間：10：00〜17：00
http://plantsx.net

Takahiro OTSUKA

Y

植木屋GREENPLAZA21

植物屋の2代目。
幼少のころから植物に触れる。
得意なことは植物を育てることとおしゃべり。
植物とは、空気と同じく生きていく中で絶対に不可欠なものであると感じている。
販売の傍ら、植物園での希少植物の植えかえや通関作業など、植物に関わるすべての業務を行う。
最近では植物を育てることはもちろん、植物を育てることのできる人を育てることと、その環境も育てるディレクション事業に思いを馳せている。
催事ではコミュニケーションを中心に植物の普及に携わる。
ドイツなどチランジアナーセリーに直接出向き、コミュニケーション（おしゃべり）に励み輸入も行う。
国内外のコネクションは幅広く多肉植物からビカクシダまで、ほぼすべてのジャンルを網羅し時代に応じた（マイブームな）品ぞろえとなっている。

Masatoshi NAGOSHI

植木屋GREENPLAZA21
（ウエキヤグリーンプラザニジュウイチ）
住所：〒619-0241
京都府相楽郡精華町祝園砂子田12-4
電話：0774-93-0894
営業時間：10:00-17:00　定休日：水曜日
www.uekiya21.com
インスタグラム Instagram/uekiya_nijyuuichi

Z

MADA plants

植物愛好家のための会員制「有料オンラインサロン」。最新輸入苗現地情報や栽培管理のポイントにも対応してもらえる。現地からの入荷直後のアウトレット情報も見逃せない。
アフリカ、マダガスカルの多肉植物や灌木系香木、南米のサボテン類も扱っている最先端の情報サイト。
入会には、Facebookなどからメンバー登録申請が必要。

MADA plants
instagram：https://www.instagram.com/madaexotic/
Base：https://www.seedsbank.jp/
SalonURL:https://www.facebook.com/groups/2315419232061751/about/

YUSUKE

国際多肉植物協会 会長 小林 浩の慧眼と情熱
「多肉植物3/4世紀 昭和編」

文・絵/石倉ヒロユキ

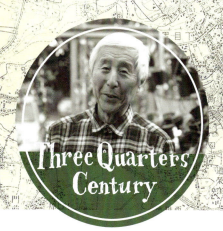

Three Quarters Century

　昭和のはじめ、荷車やトラックが土埃をあげて行き交う四間幅の道、間近に開かれる"年ノ瀬の市"の準備でにぎわっていた。荏原郡世田谷村、三軒茶屋の宿から川崎へ抜ける道は甲州街道の裏街道。その道は北条氏小田原城へと続く街道のひとつだったが、まだ「世田谷通り」と呼ばれてはいない。ここで師走に立つ市は、野菜や餅、漬物、正月の飾りものから古着、鍬や鎌、唐箕などの農機具まで売られ、最盛期には、2000を超える露店がひしめく世田谷新宿の樂市として名を馳せた。400年も続くその「世田谷ボロ市」の歴史は長い。そんな師走の市を前にした昭和12年12月、街道から遠くない小林家の長男として浩は生を受けた。

　その年、大陸ではすでに硝煙があがっていたが、小林家には明るい声が響く年越しだった。家長の美鏡とよしにとっては、初孫の男子である。小林家は、江戸城の蒔絵も手がける細工職人の家系、美鏡も服部時計店に勤め、宝飾品の彫金技師。几帳面で頑固な一面もある明治男だった。

　父の三喜男は、日本橋三越に勤め、休日にはバイオリンを弾くモダンな男。妻の芳子との間に生まれたのが浩である。当時の三越といえば、三井財閥を築いた江戸の越後屋から生まれた百貨店、国内外の良品を扱い、百貨店文化の先駆といえる華やかさがあった。

　それからの暗い時代は、誰もが生死をさまようような不条理な年月が続いた。

世田谷ボロ市
　野良着のボロを売った年の瀬の市。代官屋敷の東にある世田谷天祖神社境内には、植木屋の出店が並ぶ場所だ。

戦争の長い影
サボテンその記憶

日米の開戦は東南アジアでの先勝に湧いたのもつかの間、その後は日々の戦況の悪化の中で赤児を抱きながら浩の両親は何を思っただろう。

渋谷から西に延びる246号線は、まだ国道指定もなく、所々に砂利道が残り「大山街道」と呼ばれていた。上馬には、一部できあがっていた環状7号線があり、遠く渋谷駅を行く貨物列車（現在の埼京線は、貨物用の蒸気機関車が走っていた）の警笛が届くような場所だった。そのあたりに「こどもの園」という幼稚園があった。上皇后の美智子さまも訪れたという園で、スモックの制服に籐の小さなバスケットを提げ、みな行儀のよい子どもたちだった。家族は、一人息子だった浩のことを考え4才でその園に通わせている。

幼稚園の広い玄関を入り、下足箱に運動靴を入れると、浩は廊下の出窓に置かれたサボテンの鉢を、背伸びしてながめるのが常だった。

小さなトゲをまとった柱サボテン、いま思えば「白雲閣（*Pachycereus marginatus*）」だったろうか。一般の家庭にはまだまだなじみの薄い植物だったが、これが多肉植物との長いつきあいの最初となった。

深いヒダに沿って細かなトゲが密に並ぶ、そんな生物の奇妙な造形力に魅せられたことは、生涯忘れられない記憶となるのだった。

戦中につらかったのは「おなかがすいたな〜、といつも思っていたこと。でもそれ以外は忘れました」。そんなふうに語りながら、白雲閣の情景だけが鮮明に残っているのは、どことなく世事に達観したような小林浩の未来に通ずる気がする。

昭和15年6月満2歳半

幼稚園で初めて出合った「白雲閣」

戦況悪化

南太平洋の島々では、飢餓、伝染病に苦しみ、これまでに日本人が体験しえなかった苦役と敗走が続き、いよいよ翼を広げた巨大なジュラルミンの鷲が首都東京にも襲来した。

その機体が低空飛行すると、幼い浩の目にも乗員が見えるほどの距離だった。爆撃の目標は軍の施設で、応戦する駒沢（現在の駒沢オリンピック公園）の高射砲の音がポンポンっと頼りなく響いていた。近所の世田谷通りの道の左右にも防空壕が掘られ、警報のサイレンを聞くと、小林家は祖父が掘った庭の防空壕に飛び込んだ。その日は、渋谷から三軒茶屋あたりまで空襲があり、玉電の線路の向こう側、松陰神社の隣にある国士舘大学にも焼夷弾が落ちた。校舎が焼け崩れた。小林家からも焔を仰ぐほどの距離のところだ。

夜明けになって、祖父は浩の手を引いてまだ臭い焼け跡に向かった。焼け跡には、まだ煙がくすぶった熱の残る炭の山で、焼け残った釘や金物を拾ったのだ。

その後、浩は近所に落ちた一抱えもある焼夷弾を家に持ち帰ったことがあった。これは勇ましいと褒められると思ったら、家族のみなからたいそう叱られた。浩には、焦げて燃えかすの焼夷弾の形は、自分たちを殺すための道具のようには見えなかったのだろう。ひょっとすると、柱サボテンにも似た形が素直に幼子の琴線に触れたのかもしれない。

空襲が始まって、米軍機グラマンの機銃が目の前の地面に跳ねたこと、自分が死んでいてもおかしくないことが三度はあった。そんな東京暮らしを諦めて、小林家は終戦の半年前には御殿場の親戚を頼って疎開している。

植物人生の始まり

　世田谷の家に帰り着いたのは、終戦直後の秋のことだ。浩少年は、魂にも深手を負うことなく、無事小学校2年生になっていた。

　戦後の経済復興の波に押されて、父三喜男も三越の勤めを再開し、そんな華やかな百貨店に母に連れられていくのが、日曜の楽しみだった。まだまだ物資は不足していたが、どこの百貨店にも園芸部があり、日本橋の三越は道路の向かいの空き地（現在は木屋の社屋あたり）に、ムシロを敷いて果樹や庭木、小屋の棚には盆栽やエビネなどの高級な鉢物も並んでいた。

　そんな園芸売り場で、浩少年は小さな多肉植物やサボテンの鉢を見つける。そこに行くたびに母にねだって、ひとつ50円の多肉植物を買ってもらうのがお約束だった。屋台の支那そばが30円ほどの時代だったので、子どもの小遣いでは買えないものだ。

　一寸ほどの素焼きの豆鉢に経木名札がキチンと立ててある。「十二乃巻」は名門竹尾サボテン初代園主の達筆な筆文字で書かれてあった。少し珍しいリトープスは3鉢で120円もし、とてつもない高級品に思えた。

　そんな豆鉢を並べる浩少年は、すでに多肉人生を始めていたわけだ。戦後の復興とともに、老舗園芸店も息を吹き返していた。板橋の竹尾サボテン園、白石靏仙園、紅波園、錦園、染井町の靏仙園、シャボテン示土、大阪の黒田芳明園、どれもがサボテンや多肉植物の販売を始めていた。お客はいわゆるインテリ層の医者や教師、僧侶も多かったようだ。そんな子どもの趣味とはいえない植物を木箱の中に並べ、いつしか浩少年の自慢のコレクションに育っていったわけだ。

近藤先生との出会い

　小学5年生になった浩少年は、植物との出合いを求めて徘徊するようになる。自宅から世田谷通りを西に20分ほど歩けば、左に馬事公苑、右に東京農大があった。手前には東宝の第三撮影所（現オークラランド）もあって、にぎわいのある場所だった。

　夏休みのある日、農大の向かいにある温室で「種なし西瓜」を試食させてもらうことが、その研究所の近藤典生（進化生物研究所所長）先生との出会いだった。

　植物好きの少年たちを、先生はいつも歓迎してくれた。それが、あのアガベ「農大No.1」へとつながっているわけだ。小林浩の武勇談は数々語られているが、種なし西瓜から農大No.1への話が70年後に語られるとは、そのころの浩少年は知る由もない。農大No.1の命名経緯については、本書（P67）でも書いたので割愛するが、メキシコから輸入された名前もない植物は、未知なるものの引力があったに違いない。浩少年は植物好きの高橋正明君と連れ立って、何度も先生を温室に訪ねた。そのうちに、高橋君と浩少年は、アガベ・チタノタの子株と先生のマダガスカル本をいただいたのだ。それは、天にも昇る心地だったという。

　すでにそのころには、サボテンの鉢の植えかえも覚えていた。用土には川砂を使い、多摩川までとりにいっていた。川岸のものではなく、中洲まで渡って粒が細かくそろった清潔な砂にこだわっていたのだそ

近藤典生
東京農業大学名誉教授
（1915-1997）
少年時代から生物に深い興味をもち続け、東京農業大学に学び、校門前に育種学研究、現在の（財）進化生物学研究所を組織。マダガスカルの動植物を国内に紹介。広い視野をもつ学際的な研究者だった。

チタノタ　1967年に撮影された「農大No.1」親株。輸入されてから二十数年以上経過しているが、進化生物研究所ではほとんど大きくなっていない。

うだ。しばらくは大切に育てていたそうだが、その株がどうなったのかは思い出せない。これも小林流だ。

青学の近所には第一園芸

中学は渋谷にある、青山学院大学中等部へ進学した。自宅から玉電に乗って渋谷駅へ。そのことは、都電が246号線（このころには国道となっている）の宮益坂を上がったあたりに中等部があった。渋谷駅前は、山手線、都電は銀座や品川へも延びていた。頭上には、東横百貨店（現・東急百貨店東横店東館）の屋上と東の玉電ビルの屋上を「空中電車ひばり号」というロープーウェイが結び、さながら未来都市のようだった。道路にはボンネットバスやオート三輪が黒煙を吹き、駅の周辺には日々にぎわっていた。しかし、浩少年にとって刺激的なものは、通学路にあった園芸店だった。「第一園芸」は都内有数の高級園芸店の老舗だ。現在の子どもの城に都電車庫があって、その隣あたりの場所だったようだ。店頭には、あざやかなバラやユリの切り花、贈答用の鉢植えが並べられていた。しかし、浩少年が興味を抱いたのは店頭の木箱に並んだ多肉植物の鉢ものだった。

「この70円の竜神木、鉢はいらないから60円になりませんか？」。店員は、金のない中学生にあきれてはいたが、丁寧に新聞紙に包んでくれた。サボテンや多肉植物など、珍しい植物はそれなりの高級品。現在のような便利な梱包材はなかったので、錦園などではリトープスを「真綿」で巻いてから小さな木箱に入れたものが郵送されてきたほどだった。

手作り温室

多肉植物の耐寒性がどれほどのものか、そのころの浩少年が認識していたのかは定かではない。

真冬になると家の庭の池にも厚み3cmほどの氷が張った。まだ内風呂をもつ住宅は少なく、浩少年も松陰神社近くの商店街にある弦巻湯に通った。寒い夜には、手に持った手拭いが家に着くまでに凍るほどだったので、いまのヒートアイランドの東京とは体感温度にも大きな差があったはずだ。

そのころには栽培情報も少なく、浩少年が毎日のように眺めていたのが『シャボテンと多肉植物』。ラーメン1杯が60円ほどだった時代に定価280円の本は、それなりの趣味家が愛読するべく書かれた専門書だ。これを教科書に育ててみたい多肉植物の品種が星の数ほどあることを浩少年は知るのだった。

そのころに、浩少年が自作した三尺のフレーム温室があった。薄い杉板を組み合わせて、そこにビニールを張ったものだ。フレームとは小型の温室で、人が立って入れるようなものを温室、小型のものはフレームと呼んだ。そのころの「ビニール」は貴重品で、専業農家が栽培ハウスに張るくらいで、手に入れるのはいまほど簡単ではなかったはずだ。そこには、浩少年のコレクションがいくつも並んだ。しかし、加温できないハウスでは臥牛（ガステリア）でさえ凍り、いくつかの株が越冬できずにしおれてしまった。

「枯れてしまった品種で耐寒性がわかる。育ててみなければわからないよ」。小林流の栽培術は、このころから蓄積されてきたのだ。

サボテンの会では、多肉植物は「葉っぱ派」だった

日大理工学部を卒業した昭和37年、浩青年は株式会社ソニーに就職した。その会社は、トランジスターやプリント基板を技術開発し、これからやってくる「カラーテレビジョン」の

玉電
1925年（大正14年）1月18日に三軒茶屋駅・世田谷駅間が玉川電気鉄道（通称玉電）の支線（下高井戸線）として開業したのに始まる。1938年（昭和13年）3月10日、玉川電気鉄道は東京横浜電鉄（現・東京急行電鉄）に合併された。

空中電車ひばり号
東横百貨店屋上と玉電ビル（現在の西館）屋上とを結ぶ。空に浮かんだ未来の乗り物に見えた。

浩少年は手製フレーム温室に多肉植物やサボテンの鉢を並べていた。

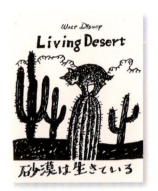

映画「砂漠は生きている」
（原題: The Living Desert）
ウォルト・ディズニーが1953年に製作。アメリカ南西部の砂漠に生きる動物植物を記録したドキュメンタリー映画作品。アカデミー賞長編ドキュメンタリー映画賞を獲得。これでサボテンファンがふえたともいわれている。

開発を始めていた。数年前には「東京通信工業」という一企業が、世界のSONYへと躍進する黎明期だった。

新入社員の初任給は1万2000円ほどだったが、高度成長期の家電メーカーは天井知らずの業績を続けていた。社員の給与も毎年3割ほどもアップする、ボーナスは年7〜8カ月分といまでは信じがたいその状況が浩青年を『多肉狂時代』へと導くことになる。

戦後の復興の追い風で、サボテン業者も株の輸入に積極的になってはいたが、入ってくるものは親指ほどのパキポディウムや、紋もない小窓の万象。それらが3000円以上もする高額商品だったが、先を争うように趣味家たちは買い漁ったのだ。

サラリーマンとして勤めながらも、週末のサボテン趣味の集いを楽しみに待つ日々だった。現在の週休2日は、昭和45年ごろからの制度で、そのころの土曜日は「半ドン」（半分ドンタクが語源など諸説ある）と呼んだ。学校、役所などは昼までで、午後が半休。日暮れには「サボテン土曜会」が、国鉄（現JR）大森駅近くの会館の一室を借りて行われるのだ。

サボテン情報交換から品種の競会、趣味家たちが集まって酒を酌み交わしながら、大いに盛り上がるわけだ。しかし、サボテンよりも多肉植物に興味のあった浩青年は、戦前からのサボテン親父たちになじめない、それどころか、「そんな葉っぱ、どこがおもしろい」と多肉植物は揶揄される始末。すっかり葉っぱ野郎に成り下がった気分だった。

そのころ流通するサボテンには、誰がつけたのか立派な和名があった。それも「黒」「城」「魔」などの厳しい漢字があてられている。小説家でサボテン研究者の龍胆寺雄氏などは、「唖阿相界 Pachypodium geayi」など数々を命名。学名的には同種であっても、少し姿の差がある変種（sp.）には、どんどん和名をつけて呼んだ。それにひきかえ、葉っぱに和名をつけるものはごくわずか、女王の花笠、四海波、小宝くらいが流通品種で、それ以外は図鑑を読み解きながら、属名、種小名読みをよしとした。戦前からの趣味家の多くは、学名も知らず専門書籍をひもとくことも、ましてや欧米の原文情報など海の向こうのことと切り捨てる、そんな明治や大正生まれのサボテン親父たちとは相いれない思いがあった。

サボテン趣味家の集いは、「狂仙会」「北関東サボテン狂人会」「大阪サボテンクラブ」など全国各地に数々結成され、その最高峰の会としては「東京カクタスクラブ」があり、財界名士、医者や政治家などの大趣味家の名前を連ねたのだった。

そんな時期に土曜会の「葉っぱ派」の数人は、併行して多肉植物だけの小さな会を立ち上げることとなる。

「多肉植物趣味の会」結党！

昭和41年春、男庭安則さんを初代会長に、会員数限定30名という小さな「多肉植物趣味の会」が誕生した。多肉植物とは、分類学上は曖昧なる定義だが、これを愛する趣味人が存在することを世に知らしめる、そのオリジンの誕生がこの年だった。オリンピックが成功し、東京の街は急激な変化を続けていた。美濃部都知事が誕生し、小笠原諸島が日本に返還。街にはグループサウンズが大流行していた。

会社の仕事も多忙で出張も多かったが、なんとか「会員番号23番」で入会を果たした。

『シャボテンと多肉植物』
誠文堂新光社　1953年　¥280
龍胆寺雄
珍品、希少種などを多く紹介、作家龍胆寺雄氏の趣味家目線の編集。

『総合種苗ガイド』
誠文堂新光社　1965年　800円
接ぎ木から各品種の管理術までを扱った、本格的な園芸書。

『シャボテン―環境と植物―』
岩波文庫　1953年　¥100
白黒だが自生地や温室での栽培風景も掲載した。岩波写真文庫

初代男庭安則会長（左）
東中野の自宅屋上温室にて。
いまも国際多肉植物協会の幹事
男庭正美さん（右）

多肉植物趣味の会　会報1号小林浩の投稿文原文のママ掲載

多肉植物趣味の会
会報1号

小林浩

そもそも、葉数2、3枚の十二の巻を買ったのが最初であった。昭和27年5月3日、母と買物の途中に新宿三越の園芸部へ立寄ったときである。今では建物が立ったが、ライオンビヤホールの横の敷地に半分野天の売場があり、抜けるような青空の下に多肉植物が光り輝いていた。陳列されていた中に、リトープスや楽焼鉢に鎮座した帝玉が脳裏にやきついて残った。その横にあった、汚いフレームの中には食虫植物などといっしょに、丸丸と肥えた竜鱗が渋い色彩を放って、他のどの植物よりも印象に残った。　コレクションの方は、すぐに巻絹を、そして6日に子宝、四海波といった具合で、当時中学3年であった私には、小遣も思うにきかせず、その年は錦蝶、シコロベンケイ、宝緑、竜吉蘭などを加えて、わずか10種ほどが集まったにすぎず、3尺角のフレームにカクタスと同居していた。　一方、栽培は、コツを聞く人とてなく、暗中模索で、石井勇義氏の"趣味の仙人掌栽培"や園芸図譜を頼りに多肉に関する限られた知識を得ていった。又、実践では照波の挿木やリトープスへの潅水過多による腐敗によって、メセンは極めて過湿に弱いことを知り、十二の巻が過乾によって衰弱しかけていたのが、台風の大雨で生々と甦り、ユリ科は水を好み、耐湿性も大きいことを知った。そして知らぬ間に庭にこぼれたシコロベンケイの仔が見違えるほど太く、短かく、色彩もさえて育つのを発見して、露地植の美を認識したものである。
ところで、初めて買った50円の十二の巻は現在では200円位、リトープスは3種寄植で120円であったから1/3～1/4の価額であった。　その後の蒐集は、売店の限られた品種に満足しなくなり、農耕と園芸誌の広告で知った業者からカタログを取り寄せ、ボツボツ、集めては腐らし……をくり返していったのである。

個人輸入はギャンブル

　ソニーからの給料のほとんどは、多肉植物の購入費用になっていた。いまでは珍しくもない品種だが、ハオルチア「万象が3500円」、コノフィツム「安珍ウルスプルンギアヌムが2500円」。このころにはラーメン1杯が70円だから驚くほど高額のものだった。
　これらを自宅の手作りフレーム温室で、葉挿しや株分けで、せっせとふやす。これを多肉植物の趣味の会の仲間うちに買ってもらうわけだ。しかし、まだまだ経験の浅かった浩青年に株のよしあしを見分ける眼力は育っておらず、ある店では「さすがにお目が高い！　マダガスカルの現地物ですよ」と言われ、船便で半分やわらかくなったパキポディウムを買わされたこともあった。
　そんな若い趣味家が、米国のサボテン雑誌「CACTUS & SUCCULENT JOURNAL」に1／2ページ広告を打った。「求む！　日本へ多肉植物をお送りいただける生産者。なんでも買います！　ご一報ください」。海外の園芸雑誌などは、東京で買える書店も数えるほどだった時代。メールどころかFAXも存在しない。やりとりはAirMailだけ。1ドルは360円、個人が海外に送金できる額にも制限があった時代だ。多肉植物趣味の会のメンバーや業者から注文を募って、まとまった数を輸入する。浩青年が選ぶ品種は、国内ではまだまだ珍しいものばかりで、誰もが欲しがるので、売り上げも好調。その利益は、すぐに次回輸入費用となって膨らんだ。個人輸入は米国に始まり、メキシコ、オランダ、ド

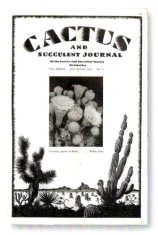

『カクタス&サキュレントジャーナル』
アメリカの歴史あるサボテン・多肉協会の会報誌。

イツ、イギリス、南アフリカ、マダガスカル、ペルー、なんなく国境線を飛び越えていった。

　仕事以外の植物の買い付けが忙しくなり、荷物を運ぶための自家用車を購入することになる。当時、高級車だった「ブルーバードの初期の311型」エンジンは直列4気筒OHV1200cc、通称「柿の種」だ。赤いテールランプが柿の種に見えるためについた愛嬌のあるニックネームだが、庶民には手の届かない超高級車。勤務先SONYの社有車が、買いかえのために5万円で下取りに出ると、総務部からの話にいち早く乗っかったのだ。

　浩青年は週末に女子をデートに誘うわけでもない、そのころには恋愛経験は全くゼロ。植物的には「晩生（おくて）」といったころである。助手席までも多肉植物の鉢植えの箱を満載にして、近県や会合に走り回ったわけだ。海外からの植物は、羽田か横浜赤レンガ倉庫にあった検疫所に受け取りにいく。そのころの植物検疫はのんびりした業務で、ワシントン条約（アメリカ合衆国ワシントンD.C.で採択され、1975年（日本は1980年批准）発効された野生動植物保護の国際条約）もなく、薬物などの違法性のあるもの以外は、箱ごとフリーパス。山積みになった、韓国産松茸を竹籠の隙間から1本失敬しても誰もとがめない空気があった。しかし、多肉植物の輸入には、鋭いトゲがあり、その強烈なる痛みを浩青年は後に知ることになる。

花王丸
Echinocactus 'KAOMARU'
メキシコから「花王丸」を100株輸入したが、なぜかすべて腐ってしまった。
理由は、いまでもわからない。

　「アロエ・ピランシー *Aloe pillansii*」、太く滑らかな茎が杭のようにアフリカの大地に根づく雄々しい姿。現在では、輸出入禁止のCITES I類品種。株は茎径10cm以上で樹高も1mの立派な株を100株。これを南アフリカから輸入したのだ。

　梱包された箱は20箱以上で、検疫所からトラックに乗せて、信頼できる生産者のところで植えつけ作業を頼んだのだ。仕入れ価格、通関料、空輸の輸送費、すべてを合わせると70万円。現在の額で1000万円を超える金額だろう。たくさんの趣味家や販売店からの注文を取りつけていたので、配達も急がれた。すべての株が売れれば、倍の値段になる計算だった。

　しかし、そんな浩青年の思惑はピランシーには通じることなく、植えつけた葉はどんどん茶色く変色し、哀れな姿にしおれていく。太い幹はやわらかくなって、押せば汁をだしはじめた。それが強烈な腐敗臭で、目の前の悪夢から目を背けたくなるものだった。過酷は超乾燥地帯に自生するピランシーを高温多湿の環境に順応させることは、たやすいことではなかった。

　結果的には、100本の株が腐れ落ち1本も根づくことはなかった。その損害を考えると、浩青年は氷穴に滑り落ちてしまったような気分だった。それまでに蓄えたボーナスや多肉植物売買による利益のすべてを失って、穴の底で大きく息を吐くこととなった。

　常人なら個人貿易の危うさを認め、その痛みに面を上げることもかなわないほどだろうが、それでも浩青年は心の中でつぶやく。『これも、多肉植物の勉強だ』。何事も経験してみなくては、何も得ることはできない。育ててみて、枯らしてみて、初めてその品種のことが少しだけわかるのだ。

　小林浩の多肉植物への思いは、すでに大きな根を大地に伸ばし始めていたのだろう。

アロエ・ピランシー
Aloe pillansii
南アフリカの農園風景。あのときの株が育っていたら、このくらいになっていただろう。

索引

※ P. → Platycerium

	和名	学名	ページ	原産地	科名
ア	亜阿相界（→ゲアイ）		51		
	アーバンリバー	P.veitchii cv. Auburn river	103		ウラボシ科
	RM314		74		キジカクシ科
	RM333		74		キジカクシ科
	青木超濃白特性丸葉		74		キジカクシ科
	アフリカーナ	Commiphora africana	11	アフリカ大陸南部の乾燥地帯	カンラン科
	アフリカンオディティー	P. African Oddity	104	園芸品種	ウラボシ科
	アリゾニカ	Agave arizonica	77	アメリカのアリゾナ州	キジカクシ科
	アルシコルネ	P. alcicorne	99	アフリカ大陸東部、マダガスカル島、レユニオン島、モーリシャス島など	ウラボシ科
	アンディナム	P. andinum	102	アンデス山脈（ペルー、ボリビア）	ウラボシ科
	アンボンゲンセ	Pachypodium ambongense	49	マダガスカル北西部、ナモロカ特別保護区	キョウチクトウ科
	イシスメンシス	Agave isthmensis	72		キジカクシ科
	イノピナータム	Pachypodium roslatum var. inopinatum	44	マダガスカル中部、マハジャンガ州の標高1000〜1500mの地域	キョウチクトウ科
	ウィリンキー	P. bifurcatum ssp. willinckii	91	ジャワ、小スンダ列島	ウラボシ科
	ウィリンキーセルソタツタ	P.willinckii cv. celso tatsuta	103		ウラボシ科
	ウィリンキー胞子培養株	P. willinckii	103	園芸品種	ウラボシ科
	ウィンゾリー	Pachypodium baronii var. windsorii	47	マダガスカルのアンチラナナ州、マハザンガ州	キョウチクトウ科
	薄雲	Agave victoriae-reginae	74		キジカクシ科
	エイル	Commiphora sp. 'Eyl'	15	ソマリアのエイル近辺	カンラン科
	エニグマチクム	Pachypodium enigmaticum	50	マダガスカル中央高地	キョウチクトウ科
	恵比寿笑い（→ブレビカウレ）		42		
	FO-76	Agave titanota FO-76	64		キジカクシ科
	エブルネウム	Pachypodium eburneum	43	マダガスカル中部、ヴァキナンカラトラ州	キョウチクトウ科
	エボリスピナ	Agave utahensis var. eborispina	68		キジカクシ科
	エラワン	P. Erawan	105	園芸品種	ウラボシ科
	エリシー	P. ellisii	100	マダガスカル	ウラボシ科
	エレファントティス	P. elephantotis	99	中央アフリカの海岸沿いの地域	ウラボシ科
	王妃笹の雪	Agave filifera v. compacta	75		キジカクシ科
	王妃笹の雪 ピンキー	Agave filifera v. compacta 'Pinky'	75		キジカクシ科
	鬼に金棒（→ルテンベルギアヌム）		48		
	オルビクラリス	Commiphora orbicularis	13	マダガスカルの北部西海岸沿い、南部など	カンラン科
カ	カクチペス	Pachypodium cactipes	45	マダガスカル南部	キョウチクトウ科
	カタフ	Commiphora kataf	11	アラビア海沿岸の標高400〜1500mの岩場や荒れ地	カンラン科
	カラード	P.Callard	105	園芸品種	ウラボシ科
	輝山	Agave victoriae-reginae 'Kizan'	75	園芸品種	キジカクシ科
	キシロナカンサ	Agave xylonacansa	72	メキシコ中東部	キジカクシ科
	吉祥冠（→ポタトラム）		73		
	吉祥冠覆輪（→スーパークラウン）		73		
	吉祥天	Agave parryi var. huachucensis	71	メキシコ	キジカクシ科
	キッチャクード	P. kitshakood	105	園芸品種	ウラボシ科
	キュービック	Agave potatorum 'Cubic'	73	園芸品種	キジカクシ科
	クアドリディコトマム	P.quadridichotomum	101	マダガスカルの森林	ウラボシ科
	クラウセリアーナ	Commiphora kraeuseliana	15	アフリカ南西部、ナミビアの沿岸地域	カンラン科

	グラキリウス（象牙宮）	Pachypodium gracilius	40	イザロ、マカイなどマダガスカル中南部の高原	キョウチクトウ科
	グランデ	P.grande	93	ミンダナオ島（フィリピン）	ウラボシ科
	グランディール	P.Grandeer	104		ウラボシ科
	クリームスパイク	Agave applanata 'Cream Spike'	72	園芸品種	キジカクシ科
	ゲアイ（亜阿相界）	Pachypodium geayi	51	マダガスカル南部	キョウチクトウ科
	ゲイシャ	P.hillii cv.	105	園芸品種	ウラボシ科
	五色万代	Agave lophantha 'Quadricolor'	76	園芸品種	キジカクシ科
	コルムナリス 観峰玉	Fouquieria columnaris	18	メキシコ（ソノラ砂漠）	フォークイエリア科
	コロナリウム	P.coronarium	90	タイ、ベトナム、ボルネオ、マレー半島、ミャンマー、フィリピン、シンガポール、リアウ諸島、ジャバなど	ウラボシ科
	コロラータ	Agave colorata	70	メキシコ	キジカクシ科
	金色堂	Agave victoriae-reginae variegata	75		キジカクシ科
	コンフェデレート ローズ	Agave 'Confederate Rose'	71	園芸品種	キジカクシ科
サ	サウンデルシー（白馬城）	Pachypodium lealii spp. saundersii	53	南アフリカ北東部、スワジランド、ジンバブエ南部一帯	キョウチクトウ科
	細雪	Agave victoriae-reginae	74		キジカクシ科
	ジーセンヘンネ	P.ziesenhenne	104	園芸品種	ウラボシ科
	シエラミクステカ	Agave titanota 'Sierra Mixteca FO-76'	66	園芸品種	キジカクシ科
	シジゲラ	Agave schidigera	76	園芸品種	キジカクシ科
	ジムス	P. jims	104	園芸品種	ウラボシ科
	シャークスキン	Agave 'Shark Skin'	77	園芸品種	キジカクシ科
	シャウィー	Agave shawii	70	アメリカ	キジカクシ科
	白糸の王妃	Agave schidigera	76		キジカクシ科
	シンプリキフォリア	Commiphora simplicifolia	13	マダガスカル南西部	カンラン科
	スーパークラウン（吉祥冠覆輪）	Agave potatorum f. variegata 'Super Crown'	73	園芸品種	キジカクシ科
	ステマリア	P. stemaria	101	熱帯アフリカの中部、東部	ウラボシ科
	スパーバムドワーフ	P. superbum dwarf	105	園芸品種	ウラボシ科
	スペルブム	P. superbum	96	オーストラリア東北部のクイーンズランド	ウラボシ科
	象牙宮（→グラキリウス）		40		
	ソードフィッシュ	Agave 'Swordfish'	72	園芸品種	キジカクシ科
タ	ダーヴァルヌネス	P. Durval Nunes (madagascariense x P.stemaria)	104	園芸品種	ウラボシ科
	ターカネンシス	Commiphora kataf var.turkanensis	14	アフリカ大陸東北部の標高0～1300mの地域	カンラン科
	ダウボーイ	P. Dawboy	104	園芸品種	ウラボシ科
	タッキー	Pachypodium 'Tackyi'	46	園芸品種	キョウチクトウ科
	デカリー	Operculicarya decaryi	8	マダガスカル南西部トゥリアラ州	ウルシ科
	デカリー	Pachypodium decaryi	49	マダガスカル北部、アンカラナ特別保護区を含むエリア	キョウチクトウ科
	デンシフロールム	Pachypodium densiflorum	50	マダガスカル中部から北西部の内陸	キョウチクトウ科
	トゥリアラ	Commiphora tulear	15	マダガスカル南西部	カンラン科
	ドラゴントゥース	Agave seemanniana ssp. pygmaea 'Dragon Toes'	67	園芸品種	キジカクシ科
	ドレイクブロックマニー	Commiphora drake-brockmanii	12	ソマリア北部、アデン湾沿岸のサナアグ地域	カンラン科
ナ	ナマクアナム（光堂）	Pachypodium namaquanum	52	南アフリカのステインコフからナミビアのロシュ・ピナまでの標高300～900mの地域	キョウチクトウ科
	西さん系統超極矮性		74		キジカクシ科
	ネグレクタ	Boswellia neglecta	17	ケニア、エチオピア、ソマリア、ウガンダ	カンラン科
	ネバデンシス	Agave uthaensis var. nevadensis	68	アメリカ中西部	キジカクシ科

	ネバデンシス ハイブリッド	Agave uthaensis var. nevadensis hyb.	68		キジカクシ科
ハ	パキプス	Operculicarya pachypus	6	マダガスカル南西部トゥリアラ州の標高10～500mの地域	ウルシ科
	白鯨	Agave titanota 'Hakugei'	66	園芸品種	キジカクシ科
	白馬城（→サウンデルシー）		53		
	刷毛白線幅広	Agave victoriae-reginae	74		キジカクシ科
	パラサナ	Agave parrasana	72		キジカクシ科
	パラサナ×イシスメンシス	Agave parrasana × isthmensis	70	園芸品種	キジカクシ科
	バロニー	Pachypodium baronii	47	マダガスカル北西部、ベファンドリアナからマンドリツァラ	キョウチクトウ科
	PV2590	Commiphora sp. nov.PV2590	14	アンゴラ	カンラン科
	光堂（→ナマクアナム）		52		
	ビスピノーサム	Pachypodium bispinosum	53	南アフリカの南端、ポート・エリザベス郊外	キョウチクトウ科
	ヒファエノイデス	Operculicarya hyphaenoides	9	マダガスカル南西部トゥリアラ州ツィナマンベツァ国立公園、ベナマンテツァ、サントーギュスタン	ウルシ科
	ビフルカツム	P. bifurcatum	90	オーストラリアの南回帰線周辺	ウラボシ科
	ビフルカツム変種	P. bifurcatum	104	園芸品種	ウラボシ科
	姫笹の雪	Agave victoriae-reginae 'Himesasanoyuki'	75	園芸品種	キジカクシ科
	氷山	Agave victoriae-reginae 'Hyouzan'	75	園芸品種	キジカクシ科
	ヒリー	P. hillii	95	オーストラリア	ウラボシ科
	ヒリーパナマ	P. hillii cv. Panama	105	園芸品種	ウラボシ科
	ビルドリードワーフ	P. buildly	104	園芸品種	ウラボシ科
	ピンネイト リーブス	Commiphora 'Pinnate Leaves'	14	ソマリア	カンラン科
	ファガロイデス	Bursera fagaroides	19	ソノラ砂漠（アメリカ、メキシコ）	カンラン科
	フィヘレネンセ	Pachypodium lamerei var. fiherenense	49	マダガスカル南西部、フィフェレナナ川の流域	キョウチクトウ科
	フィリフェラ	Agave filifera	76		キジカクシ科
	フーン	P.ss Foong	104		ウラボシ科
	フーンシキ胞子培養株	P. foongsiqi	103	園芸品種	ウラボシ科
	フォリアセア	Commiphora foliacea	15	オマーン、イエメン、ソマリア	カンラン科
	吹上黄外斑	Agave stricta	76		キジカクシ科
	吹上錦	Agave stricta f. variegata	76		キジカクシ科
	ブッサバ	P. Budsaba	104	園芸品種	ウラボシ科
	プミラ	Agave pumila	77		キジカクシ科
	ブラック＆ブルー	Agave titanota black&blue	65		キジカクシ科
	ブラック＆ブルー群生		65		キジカクシ科
	ブルーグロー	Agave 'Blue Glow'	71	園芸品種	キジカクシ科
	ブルーグロー クレステッド	Agave 'Blue Glow' Crested	71	園芸品種	キジカクシ科
	ブルーグロー×コロラータ	Agave 'Blue Glow' × colorata	70	園芸品種	キジカクシ科
	ブレビカウレ（恵比寿笑い）	Pachypodium brevicaule	42	マダガスカル中部、首都のアンタナリボボからフィオナランツォア	キョウチクトウ科
	ブレビカリックス	Pachypodium densiflorum brevicalyx	43	マダガスカル中部の比較的標高が高い地域	キョウチクトウ科
	フンベルティ	Commiphora humbertii	13	マダガスカル南西部	カンラン科
	ベイチー	P. bifurcatum ssp. veitchii	97	オーストラリア東部	ウラボシ科
	ホーチエンシス	Agave parryi var. huachucensis	70		キジカクシ科
	ホーンズサプライズ	P.horne's surprise	105	園芸品種	ウラボシ科
	ポタトラム（吉祥冠）	Agave potatorum 'Kishoukan' marginata	73		キジカクシ科
	ポタトラム キャメロンブルー	Agave potatorum cameron blue	73	園芸品種	キジカクシ科

	ポタトラム スペシャルクローン	Agave potatorum 'Kishoukan' marginata	73	園芸品種	キジカクシ科
	ポタトラム チェリースウィズリー	Agave potatorum Cherry Swizzle	67	メキシコのプエブロ、アオハカ	キジカクシ科
	ボビコルヌータ（中斑）	Agave bovicornuta	73	メキシコ	キジカクシ科
	ボラネンシス	Commiphora boranensis	13	ソマリア、ケニア、エチオピアの標高190～1500mの地域	カンラン科
	ホリダ	Agave horrida	69	メキシコ	キジカクシ科
	ホルタミー	P.holttumii	93	カンボジア、ラオス、ベトナム、マレー半島、タイの海抜0m～700mの地域	ウラボシ科
	ホルトジアーナ	Commiphora holtziana	14	アフリカ東沿岸の中部から北部の標高75～1500mに分布	カンラン科
	ボレアリス	Operculicarya borealis	9	マダガスカル北部アンツィラナナ州アンダヴァコエラ	ウルシ科
	ホロンベンセ	Pachypodium horombense	45	マダガスカル北部の標高0～1500mの地域	キョウチクトウ科
	ホワイトアイス	Agave titanota 'White Ice'	64	園芸品種	キジカクシ科
	ホワイトアイスブルー（WIB）	Agave titanota 'White Ice Blue'	66	園芸品種	キジカクシ科
マ	マウントルイス	P.Mt.lewes	105	園芸品種	ウラボシ科
	マカイエンセ（魔界玉）	Pachypodium makayense	46	マダガスカルのマンゴギ川の上流、マケイ渓谷	キョウチクトウ科
	魔界玉（→マカイエンセ）		46		
	マクロアカンサ	Agave macroacantha	71	メキシコ	キジカクシ科
	マクロアカンサ群生	Agave macroacantha	71		キジカクシ科
	マダガスカリエンセ	P.madagascariense	98	マダガスカルの標高300～700mの高湿度の樹林	ウラボシ科
	マンドリツァラ	Pachypodium rosulatum Mandritsara	46	マダガスカル南部マンドリツァラ近郊	キョウチクトウ科
	ミクロフィラ	Bursera microphylla	19	ソノラ砂漠（アメリカ、メキシコ）	カンラン科
	ミケア	Pachypodium mikea	51	マダガスカル南西部	キョウチクトウ科
	ミルラ	Commiphora myrrha	10	オマーン、イエメン、ジブチ、ソマリア、エチオピアの標高250～1300mの地域	カンラン科
	メリディオナリス	Senna meridionalis	16	マダガスカル南西部	マメ科
	モンストローサ	Commiphora monstrosa	12	マダガスカル南西沿岸部、サントーギュスタンからリンタ川河口まで	カンラン科
	モンタナ	Agave montana	72		キジカクシ科
ラ	雷神黄縞斑	Agave potatorum	77	メキシコ	キジカクシ科
	ライムストリーク	Agave parryi ssp. truncata 'Lime Streak'	70	園芸品種	キジカクシ科
	ラメリー	Pachypodium lamerei	48	マダガスカルの乾燥した地域	キョウチクトウ科
	リトルシャーク	Agave 'Little Shark'	77	園芸品種	キジカクシ科
	リドレイ	P.ridleyi	94	スマトラ、マレー半島、ボルネオ	ウラボシ科
	ルーシー	P. Lucy	105	園芸品種	ウラボシ科
	ルテンベルギアヌム（鬼に金棒）	Pachypodium rutenbergianum	48	マダガスカルの西部	キョウチクトウ科
	レアリー	Pachypodium lealii	53	アフリカ大陸南西部、ナミビアとアンゴラの国境を挟んだ地域	キョウチクトウ科
	レモイネイ	P. 'Lemoinei'	103	園芸品種	ウラボシ科
	ロスラーツム	Pachypodium rosulatum	44	マダガスカルの海沿いから標高1000mまでの広い範囲	キョウチクトウ科
ワ	矮小丸葉	Agave victoriae-reginae	74		キジカクシ科
	ワリチー	P.wallichii	92	ミャンマー、インドシナ、マレー半島	ウラボシ科
	ワンダエ	P.wandae	96	ニューギニア	ウラボシ科

スタッフ
企画制作　株式会社レジア
クリエイティブディレクション　石倉ヒロユキ
写真　木村武司、石倉ヒロユキ、小久保かずひろ、
　　　佐々木隆斗、橋詰二三夫
テキスト　土屋悟、石倉ヒロユキ、真木文絵
資料協力　isla del pescado
デザイン　若月恭子、上條美来、安藤寿々
校正　大塚美紀（聚珍社）
編集担当　平井麻理（主婦の友社）

協力
GreenSnap
https://greensnap.jp
植物好きの写真投稿サイトで日々3000枚以上、累計200万枚以上の画像が投稿されている人気サイト。「多肉、塊根フォトコンテスト」を開催し、愛好家の栽培写真を募集。本書にも多数掲載。

取材協力
&anmai
ajianjijii
kemuriradio
叢／小田康平
佐々木隆斗
佐藤正樹
サボテンオークション日本／栗原東五
(財)進化生物学研究所／橋詰二三夫
大正堂／本間陽介
DriftWood & SmokeyWood／野本栄一
BOTANIZE／横町健
(#)Maison Magnifique
moonrabbit
Ronjin／望月真司

参考文献
Jason Eslamieh著『THE GENUS COMMIPHORA』（A Book's Mind）
Jason Eslamieh著『THE GENUS BOSWELLIA』（A Book's Mind）
Jason Eslamieh著『CULTIVATION OF BURSERA』（A Book's Mind）
Walter Röösli著『Pachypodium in Madagascar』
Roy Vail著『Platycerium Hobbyist's Handbook』（Desert Biological Pubns 出版）
最新園芸大辞典編集委員会著『最新園芸大辞典』（誠文堂新光社）
『多肉植物＆コーデックス GuideBook』（主婦の友社）
『多肉植物全書 All about SUCCULENTS』（グラフィック社）

ビザールプランツ

令和元年 8月31日　第1刷発行
令和6年11月20日　第14刷発行

編者　主婦の友社
発行者　大宮敏靖
発行所　株式会社主婦の友社
　　　〒141-0021 東京都品川区上大崎 3-1-1
　　　　　　　　目黒セントラルスクエア
　　　電話：03-5280-7537（内容・不良品等のお問い合わせ）
　　　　　　049-259-1236（販売）
印刷所　大日本印刷株式会社

© Shufunotomo Co., Ltd. 2019 Printed in Japan
ISBN978-4-07-438370-2

■本のご注文は、お近くの書店または主婦の友社コールセンター（電話0120-916-892）まで。
＊お問い合わせ受付時間　月～金（祝日を除く）10:00～16:00
＊個人のお客さまからのよくある質問のご案内
　https://shufunotomo.co.jp/faq/

Ⓡ本書を無断で複写複製（電子化を含む）することは、著作権法上の例外を除き、禁じられています。本書をコピーされる場合は、事前に公益社団法人日本複製権センター（JRRC）の許諾を受けてください。また本書を代行業者等の第三者に依頼してスキャンやデジタル化することは、たとえ個人や家庭内での利用であっても一切認められておりません。

JRRC〈https://jrrc.or.jp　eメール：jrrc_info@jrrc.or.jp　電話：03-6809-1281〉